上海市
公共图书馆行业发展报告
2017

DEVELOPMENT REPORT OF
SHANGHAI PUBLIC LIBRARY

上海图书馆 编

上海科学技术文献出版社
Shanghai Scientific and Technological Literature Press

编委会

《上海市公共图书行业发展报告（2017）》

主　编：周德明　林　峻

副主编：葛　菁　孙　健　张丽芳

编写组成员：（按姓氏笔画排序）

冯　娜　吕玉洁　孙　健　朱晔慧　江　晔

汤　莹　余欣黉　应智慧　张丽芳　张炜玮

张晓文　杨　佳　林韦弦　梁永平　黄　莺

葛　菁　谢　影　蔡丹丹

编者按

为了全面展示上海市公共图书馆建设的现状，促进公共图书馆科学、有序和健康地发展，进一步推动本市公共图书馆服务效能的提升，借《中华人民共和国公共文化服务保障法》和《中华人民共和国公共图书馆法》（以下简称《公共图书馆法》）颁布实施之东风，上海图书馆、上海市图书馆行业协会于2018年2月初正式启动《2017年上海市公共图书馆行业发展报告》（以下简称《行业发展报告》）的编撰工作。

与上海图书馆每年发布的《上海市公共图书馆阅读报告》（以下简称《阅读报告》）不同，《阅读报告》侧重于揭示与读者服务相关的基本数据，而《行业发展报告》则侧重于事业投入、体系建设、行业规范、服务效能等。我们希望通过《行业发展报告》的编写，加强本市各级、各类公共图书馆之间的相互了解和资源共享，促进公共图书馆的科学发展和管理。希望《发展报告》能为各级相关主管部门制定政策、有的放矢地指导工作提供借鉴；为各级公共图书馆进行决策提供依据；为图书馆从业人员深入开展公共图书馆事业研究提供基础资料，并为改善服务、满足读者需求提供参照；为广大市民了解本市公共图书馆的运行和事业发展提供重要的渠道和窗口。

2017年的《行业发展报告》共分六个部分。第一部分展示了上海市公共图书馆总体发展概况，从服务效能、业务建设、基础保障、问题对策四个方面展开论述。第二部分反映了上海市公共图书馆体系建设情况：一方面，依托由238家公共图书馆组成的上海市中心图书馆"一卡通"服务体系建设，打破了各区各自为政的业务格局，构筑起一个全市性的、分布式的"大流通书库"，切实提高了文献资源的利用率；另一方面，在"一卡通"架构的基础上，各区根据自身公共文化建设的实际情况和读者需求，通过居（村）、社区图书室、农家书屋、24小时街区智慧图书馆、城市书房、流动车、电子图书借阅机等建设，逐步构建起多种形态并存、方便快捷的市级总馆—区级总馆—街道（乡镇）分馆—居（村）、城市书房基层服务点构架的图书馆总分馆服务体系。第三部分介绍了馆藏资源建设，反映了各级公共图书馆各类馆藏资源保障的基本情况，从纸质资源到数字资源、从一般信息资源到主题特色资源，兼顾了读者的普通需求和专业需求。第四部分是读者服务篇，从三个方面进行了梳理：首先，做好传统的纸质文献服务。2017年上海市市民持证率已近20%，显示了多年来公共图书馆在引导全民阅读所做出的努力和成效；其次，紧跟技术发展的潮流，微博、微信、移动图书馆等新媒体服务带给读者全方位、便捷的阅读体验；第三，准确把握读者的文化需求，精心组织讲座、展览、各类读者活动，线上线下相结合，极大地丰富了市民的文化生活。第五部分是人力资源篇，反映了上海市公共图书馆行业从业人员的基本构成、人才培育机制和学术研究等方面的发展。第六部分是创新案例篇，选取了9个案例来展现市、区、街道（乡镇）图书馆服务如何融入社会诚信体系建设、实施新媒体服务、开展区域服务体系建设以及创新服务品牌项目等。

必须指出的是，由于是首次尝试，《行业发展报告》的编写经验和准备均有所不足，如各馆对有关数字资源的统计口径和标准未能取得一致，导致本年度报告在揭示公共图书馆界数字资源服务态势时，略感心有余而力不足；街道（乡镇）公共图书馆服务数据首次进入公众视野，但局限于非独立法人机构等原因，其部分统计指标与市、区两级公共图书馆存在差异，等等。今后，我们将对《行业发展报告》的内容框架、统计指标作进一步的完善，并在此基础上进行更深入的挖掘，以满足区域化、专题化研究的需要。

在《行业发展报告》的组织编撰过程中，我们越来越感到，这是一项十分有意义和重要的工作，是推进图书馆行业发展的一项基础性工作，值得我们为之付出。本书的编撰工作得到了上海图书馆协调辅导处、系统网络中心、读者服务中心、采编中心、上海科学技术文献出版社、各创新服务案例推荐馆的大力支持和帮助。他们为《行业发展报告》的问世付出了辛勤的劳动,在此谨向他们表示衷心的感谢。另外,《行业发展报告》的数据来源于《第六次全国县级以上公共图书馆评估》《上海文化年鉴》和上海市图书馆行业协会的业务统计,得益于本市各级公共图书馆日常业务工作的累积,在此对于各级公共图书馆在数据采集中的大力支持和紧密合作也表示衷心感谢。囿于较短的报告编写周期及编撰工作组的研究能力和学术水平,报告中难免存在疏漏之处,欢迎各方专家、学者提出宝贵意见。

2018年4月23日

目录
CONTENTS

第一章 总体发展篇 GENERAL DEVELOPMENT — 10
- 一丨服务效能 — 11
- 二丨业务建设 — 14
- 三丨基础保障 — 20
- 四丨问题对策 — 24

第二章 体系建设篇 SYSTEM ESTABLISHMENT — 28
- 一丨服务体系 — 29
- 二丨服务面积 — 35
- 三丨开馆时间 — 37

第三章 资源建设篇 RESOURCE ESTABLISHMENT — 38
- 一丨购置经费 — 39
- 二丨编目时效 — 43
- 三丨馆藏情况 — 44
- 四丨新增藏量 — 53

第四章 读者服务篇 READER SERVICE — 56
- 一丨服务读者 — 57
- 二丨书刊流通 — 62
- 三丨数字服务 — 70
- 四丨参考咨询 — 82
- 五丨读者活动 — 85

第五章
人力资源篇

HUMAN RESOURCE

一丨馆员数量	94
一丨馆员数量	95
二丨学历结构	99
三丨职称结构	101
四丨管理团队	103
五丨学术研究	105

第六章
创新案例篇

INNOVATION CASE

	112
一丨助力城市社会诚信体系建设 　　上海图书馆诚信免押金办证服务	113
二丨"上图爱悦读"无处不在的阅读 　　上海图书馆微阅读移动平台开发与应用	117
三丨读书，是为遇见更好的自己 　　上海少年儿童图书馆"上海童话节"	123
四丨我嘉书房 全域书香 　　嘉定区图书馆公共文化服务社会化创新发展路径	129
五丨让阅读无处不在、无时不在 　　徐汇区图书馆"汇悦读书香联盟"体系建设	133
六丨科学化布局，特色化定位，一体化发展 　　浦东图书馆探索公共图书馆总分馆服务体系建设	141
七丨"互联网+"背景下全民阅读品牌的建设 　　杨浦区图书馆"阅读好声音"全城微朗读大赛	146
八丨笔尖上的童心 　　宝山区图书馆陈伯吹儿童文学创作讲习堂	151
九丨书香漫漫，浸润社区 　　黄浦区五里桥街道图书馆"移动书格"	156

附录

《2017上海市公共图书馆行业发展报告》统计指标说明 — 161

第一章
总体发展篇
GENERAL DEVELOPMENT

　　近年来，上海市公共图书馆凸显"城乡全覆盖、条块全贯通、资源全流通"的发展态势。截至2017年底，全市市、区、街道（乡镇）共有239家公共图书馆，其中市级图书馆2家，区级图书馆22家，街道（乡镇）社区文化活动中心下辖图书馆215家。按2017年上海市常住人口计算，每10万人拥有1.32家公共图书馆、拥有图书馆面积2 351.5平方米，人均馆藏拥有量达3.60册/件，人均购书经费10.06元。2017年，上海市图书馆行业连续6年荣获"市级文明行业"称号。上海的公共图书馆在人均拥有图书馆面积、人均藏书量、人均购书经费等基本服务指标方面，均处于国内领先地位。

一丨服务效能

近年来,上海市大规模的新馆建设基本结束,公共图书馆行业从投入建设期转入效能发展期。基本服务项目完备、全年无休、文献通借通还成为上海市公共图书馆服务的基本标准。

(一)服务体系基层延伸

上海市公共图书馆服务体系依托于上海市中心图书馆(以下简称"中心图书馆")"一卡通"三级服务架构实现统一编目、通借通还,同时以多种形态、多元模式向基层延伸。在保证市、区、街道(乡镇)三级公共图书馆网络全市通借通还的基础上,上海图书馆(上海科学技术情报研究所)(以下简称"上海图书馆")作为"中心图书馆"的发起单位之一,承担"中心图书馆"统筹协调功能,被称为"市级总馆"。上海图书馆在为社会公众、科研企业、政府决策提供文献信息服务与咨询研究服务的同时,开展全市公共图书馆服务体系建设,为区级公共图书馆、街道(乡镇)图书馆文献资源建设、人才队伍建设、读者服务工作、管理工作等提供指导和支持,在全市层面形成了支持各区总分馆建设的数据/管理、技术物流、资源建设、阅读推广、专业培训五大中心。

上海少年儿童图书馆作为"市级成员馆",参与开展全市儿童阅读推广活动,指导区、街道(乡镇)图书馆开展少儿图书文献资源建设、少儿读者服务工作,依托"一卡通"系统实现全市少儿文献资源的通借通还。

区级公共图书馆作为"区级成员馆",是所在区的街道(乡镇)图书馆的区级总馆,原则上一个行政区设立一个区域级总馆。服务坚持面向大众,并在公众服务基础上提供特色文献专业服务,支持和指导所在区街道(乡镇)公共图书馆的各项工作,成为所属区文献资源、业务指导、技术支持、文献提供、采访编目的中心。

街道（乡镇）图书馆作为上海市中心图书馆的"街道（乡镇）成员馆"，同时也是各区级总馆的分馆，承担基本阅读、文献外借等职能，就近为市民普及科学文化知识，提供公共信息、开展社区教育等服务。

在"中心图书馆"三级架构服务体系的基础上，各区根据自身公共文化建设的实际情况，通过建立居（村）、社区图书室、农家书屋、24小时街区智慧图书馆、城市书房、流动车、网上预约外借、电子图书借阅机等，因地制宜地逐步构建多种形态并存、方便快捷的市级总馆—区级总馆—街道（乡镇）分馆—居（村）、城市书房等基层服务点网络体系。

截至2017年底，"中心图书馆"体系公共图书馆成员馆为238家，2 941万册图书在全市通借通还，体现了上海公共图书馆服务城乡一体、普遍均等、高效便捷的特点，充分发挥了其在公共文化服务体系建设中的重要作用。

上海市在不断完善上海市中心图书馆服务体系的同时，积极探索区级总分馆建设，浦东新区、嘉定区、徐汇区配合国家级公共文化示范区建设，先后探索建立起具有区域特色的总分馆体系。

（二）书刊流通高位运行

2017年上海市各级公共图书馆新办各类读者证累计40余万张，年末读者证持证数达474万张，上海市公共图书馆持证读者数已达常住人口总数的19.4%；其中可通借通还的"一卡通"读者证363.2万张。2017年全市文献流通量（借还册次）达7 181万册次，其中"一卡通"文献流通量达6 510.2万册次，超过全部流通量的90%以上；区级和街道（乡镇）级公共图书馆全年馆均文献流通量分别为151.3万册次和14.7万册次。

（三）馆舍面积稳步提升

截至2017年底，上海市市、区、街道（乡镇）三级公共图书馆总面积达56.9万平方米，每10万人拥有图书馆面积2 351.5平方米。其中，上海图书馆服务于全市2 400多万人口，属于大型图书馆规模，但书库面积占比较大，读者服务面积略显不足；上海少年儿童图书馆作为面向全市少年儿童的图书馆，面积捉襟见肘、明显不足。随着上海图书馆东馆、上海少年儿童图书馆新馆项目破土动工，市级图书馆服务面积不足的局面将得以改善。区级图书馆中浦东新区图书馆（以下简称"浦东图书馆"）以6.9万平方米的面积独占鳌头，之后依次为普陀区图书馆、嘉定区图书馆；2017年，由原市立图书馆旧址改造而成的杨浦区图书馆新馆已部分试运行，计划2018年对公众开放；松江区图书馆老城区馆正在建设中；徐汇区图书馆新馆项目正在积极筹备中……建设中的公共图书馆将从硬件上进一步优化各区市民的公共阅读空间，为书香上海建设添砖加瓦。

（四）开馆时长远超标准

根据《上海市公共图书馆管理办法》规定，市级综合性图书馆每周开放时间为70小时以上，区级综合性图书馆每周开放时间为63小时以上，独立建制的少年儿童图书馆为36小时以上，市、区两级图书馆应当每天（包括节假日）向读者开放。独立建制的少年儿童图书馆周六、周日和寒暑假期间每天的开放时间不得少于8小时。2017年市、区两级图书馆的开馆时间已经超过标准要求，综合性图书馆平均开馆时间达77.8小时，独立建制的少年儿童图书馆平均开馆时间达54小时；街道（乡镇）级图书馆每周开放时长达63.32小时。其中长宁、嘉定、徐汇、闵行、浦东陆家嘴等区级图书馆都设立了全天候自助图书馆空间，每天24小时对市民开放。全市设置有近20台24小时图书自助借阅机，随时满足市民借阅图书的需求。

二 | 业务建设

（一）馆藏资源建设成效突显

2017年，上海市、区、街道（乡镇）公共图书馆文献资源购置经费总额达24 353.71万元，同比2016年微涨0.33%。其中，上海图书馆和上海少年儿童图书馆由市级财政支持，合计经费14 378万元，比2016年微涨0.43%；区级财政支持的区级图书馆共计22家，2017年馆均文献资源购置经费为343.1万元，合计经费7 547.97万元，较2016年下降3.2%；街道（乡镇）图书馆215家，馆均文献资源购置经费为11.3万元，合计经费2 427.74万元，同比大幅增长12.29%。

2017年，上海市文献馆藏总计达8 710.77万册/件，人均馆藏拥有量达3.60册/件，其中纸质文献（即图书）人均拥有量达1.84册。其中"一卡通"文献馆藏为2 897.1万册，占全部文献馆藏资源的33.25%，畅销、热门文献资源向"一卡通"体系倾斜，专业、外文资源、非书资源则更多以参考外借或阅览形式典藏；区级公共图书馆近六成文献馆藏进入"一卡通"全市流通体系；街道（乡镇）级公共图书馆文献馆藏中进入"一卡通"全市流通体系的比率达84.98%。

上海市、区两级公共图书馆在传统阵地服务的基础上，不断加强特色主题资源建设。据不完全统计，上海市公共图书馆有明确主题特色的馆中馆18个，如上海图书馆的家谱阅览室、上海客堂间、名人手稿馆，杨浦区图书馆的上海近代市政文献馆，静安区图书馆的海关文献特色阅览室，普陀区图书馆的上海当代作家作品手稿收藏展示馆，虹口区图书馆的上海影视文献图书馆，徐汇区图书馆的徐汇历史风貌主题馆，宝山区图书馆的陈伯吹纪念馆，远、近郊各馆的地方文献阅览室等，资源特色逐步显现。

（二）新媒体服务异军突起

全市市、区两级图书馆都建有独立网站，可提供数字文献阅读、下载，网上咨询，馆藏检索，在线展览、讲座，活动预约等服务，同时微信公众号、手机版网站已成为各馆通用的服务方式，没有时间和空间局限的虚拟图书馆业态已经成为上海市公共图书馆服务的重要组成部分，图书馆服务已送到读者身边、放到读者手上。2017年，市、区两级公共图书馆网站年访问量总计将近5 000万次，随着移动终端服务的日益普及，上海图书馆已经着手尝试整合网页、微博、微信、各类服务APP的点击量数据，2017年上海图书馆各类数字媒体的累计点击量已达1.5亿次，同比增长36.4%；市、区两级公共图书馆中，所有图书馆都开通了服务读者的微信公众号，粉丝数总计达57.1万，信息发布达8 234条。各微信号基本都实现了读者证绑定、图书续借、图书查询等功能，二维码读者证在上海图书馆及部分区馆得以应用。

2017年，市、区两级公共图书馆数字资源馆藏总量达到1 171.47TB（万亿字节），购置数据库738个，自建数据库56个。根据各馆提交的数字资源馆藏建设数据，区级馆馆均数字资源量达34.88TB，数字资源馆藏最多的达到154TB，最少的1.6TB。近年来，公共图书馆在尊重版权的前提下，着力推进数字资源的便捷使用，为了让读者足不出户就可以获得数字文献服务，公共图书馆通过读者证验证等方式，向读者提供了大量可远程访问的数字资源，把"在馆"的图书馆资源变成"在线、在手、在任何地方"的资源。2017年上海市、区两级公共图书馆可远程访问的数据库总计达648个，让读者能够随时随地享受图书馆的远程数字服务，使图书馆资源"无处不在"。

借力视频、音频网站提供线上讲座、培训视频或直播，开展线上线下活动联动成为图书馆服务新常态。上海图书馆的微讲座落户阿基米德等视听网站；杨浦区图书馆"阅读好声音"活动通过"喜马拉雅"完成线上作品征集；嘉定区图书馆联合区内文化资源，打造"文化嘉定云"，让更多读者能方便地使用数字文化资源；浦东图书馆线上讲座也有很多创新尝试，开展微信直播活动、微信群少儿讲座。

(三)阅读推广活动蓬勃开展

每当周末、节假日走进上海市各级公共图书馆,大师讲座、国学讲堂、读书沙龙、电影欣赏、文艺公开课、少儿故事会等活动丰富多彩,吸引了大量市民走进图书馆汲取知识,接受文化熏陶,形成了城市文化的一道靓丽风景线,公共图书馆的社会影响力得以大幅提升。2017年,上海市市、区、街道(乡镇)总计开展讲座4 656场次、展览1 928场次、各类读者活动1 5425场次,各类型读者活动参与人数达595.4万人次。

打造讲座品牌,助力阅读推广。上海图书馆的"上图讲座"已有40年历史,已成为全国公共图书馆界极具影响力的讲座品牌。其宗旨是努力为广大市民和求知者提供获取知识与信息的渠道,搭建领导、专家、学者与普通大众广泛交流的平台,形成人人共享的"城市教室"和"市民课堂"。区级图书馆的讲座品牌建设也非常有区域特色(见表1.1)。

表1.1 2017年部分上海市市、区公共图书馆讲座品牌建设情况

单位名称	特色讲座品牌
上海图书馆(上海科学技术情报研究所)	上图讲座
上海市黄浦区图书馆	"名家"系列讲座
上海市徐汇区图书馆	"汇"讲坛
上海市长宁区图书馆	上海译家谈、长宁·院士讲坛
上海市静安区图书馆	"悦读静安"文化讲坛(涵芬讲堂)
上海市普陀区图书馆	名家讲坛
上海市虹口区图书馆	虹图大讲坛
上海市杨浦区图书馆	海上博雅讲坛
上海市闵行区图书馆	敏读会
上海市宝山区图书馆	宝山市民讲座
上海市嘉定区图书馆	嘉图讲座
上海市浦东新区图书馆	大家说文(上海纽约大学教授系列讲座)、浦江学堂(鲍鹏山工作室国学讲座)等
上海市金山区图书馆	金文讲坛
上海市松江区图书馆	华亭讲堂
上海市青浦区图书馆	青溪讲坛

(续表)

单位名称	特色讲座品牌
上海市奉贤区图书馆	言子讲坛
上海市崇明区图书馆	瀛洲大讲坛

资料来源：第六次全国县级以上公共图书馆评估定级、上海市图书馆行业协会收集整理。

展览是上海市公共图书馆另一项基本服务项目。如长宁区图书馆，坚持传统与时代、通俗与精品、展览与阅读相结合的理念，依托"苏俄造型艺术馆"等名家精品展示的品牌效应，吸引着众多的展品收藏者和爱好者走进图书馆。

为构筑大文化宣传阵地，推进图书馆展览事业，多家区级图书馆合作举办展览。如长宁区图书馆、宝山区图书馆、嘉定区图书馆三家公共图书馆合作举办了以图书馆为主题，跨区域的摄影比赛展览，吸引了大批读者参加。

近年来，上海市公共图书馆致力于全媒体、立体式阅读推广活动的打造。上海图书馆的"微阅读·行走"、静安区图书馆的"静安书香环游"、杨浦区图书馆的"行走杨浦"城市阅读活动等，立足于边读、边思、边走，让阅读走出家门、校门和图书馆，让书香溢满申城。

少儿阅读推广活动，也是上海市公共图书馆服务的重中之重。上海少年儿童图书馆每年倾力打造"上海童话节"，2017年以"读书，是为遇见更好的自己"为主题的"上海童话节"系列活动覆盖上海市20家区级图书馆、1 546所学校，9大主题板块总计200余项活动，内容包括主题活动、少儿讲座、阅读推广、阅读竞赛、教育培训、志愿服务等等，辐射整个上海，贯穿整个暑期，让少年儿童真正感受到阅读的乐趣。

各区级图书馆也纷纷打造具有区域特色的少儿品牌活动，通过项目化团队管理运作模式，不断扩大和巩固少儿阅读推广阵地（见表1.2）。

"上海市阅读推广人"活动起步于2015年，由浦东图书馆与上海市图书馆学会共同策划，开发了儿童阅读推广人和数字阅读推广人的培训课程。近年来，开展相应培训工作5期，共培养了78名"上海市阅读推广人"。

表1.2 2017年部分上海市市、区公共图书馆少儿阅读推广品牌建设情况

单位名称	特色活动品牌
上海少年儿童图书馆	上海童话节、悦读会
上海市黄浦区图书馆	黄图培优学堂
上海市徐汇区图书馆	"悦读越精彩"故事妈妈亲子阅读
上海市长宁区少年儿童图书馆	长耳兔阅读俱乐部
上海市静安区图书馆	河畔故事会、向日葵乐园亲子活动
上海市普陀区图书馆	名家陪你读、小小作家成长营
上海市虹口区图书馆	彩虹屋
上海市杨浦区图书馆	我的小书房
上海市闵行区图书馆	闵图妈妈小屋
上海市宝山区图书馆	陈伯吹儿童文学创作讲习堂
上海市嘉定区图书馆	周末故事会
上海市浦东新区图书馆	候鸟书屋、故事妈妈讲故事、作家教你写作文
上海市金山区图书馆	欢乐七巧板
上海市松江区图书馆	"茸城故事妈妈"阅读推广导读、小松果亲子悦读会、小黑鱼悦读会
上海市青浦区图书馆	小青团@清阅朴读、"彩虹桥"少儿寒暑假读书月
上海市奉贤区图书馆	523故事会、小玩纸乐园
上海市崇明区图书馆	"风从瀛洲来,梦从书画起"少儿书画赛

资料来源:第六次全国县级以上公共图书馆评估定级,上海市图书馆行业协会收集整理。

(四)服务创新品牌效应凸显

近年来,上海市公共图书馆积极探索图书馆服务的转型发展,从服务形式到服务内涵,从服务方法到服务范围,不断改革创新。上海图书馆拓展了电子学生证、诚信免押金办证、"网上联合知识导航系统""e卡通电子资源""网上委托借书"等服务项目,并在"中心图书馆"成员馆中进行推广复制。上海图书馆冠名的"上图杯"全城阅读马拉松每年分为春季赛和秋季赛,已举办3年。2017年春季赛作为"世界读书日"启动活动之一,在上海图书馆等12个场馆展开,其中区级公共

图书馆8个,分别为:嘉定区图书馆、青浦区图书馆、徐汇区图书馆、杨浦区图书馆、金山区图书馆、奉贤区图书馆、长宁区图书馆和浦东图书馆。另外还有徐汇区虹梅庭公益服务中心、幸福五号青年中心和同济大学图书馆共同参与,共有1 200名选手参加了这项耗时6小时的比赛。2017年秋季赛于10月28日开赛,除了上海图书馆、浦东图书馆、青浦区图书馆、闵行区图书馆、松江区图书馆、我嘉书房(南翔·安居广场)、汇悦读书香联盟梧桐书屋等7个"中心图书馆"赛场外,还包括同济大学、上海交通大学、复旦大学、上海财经大学、上海师范大学、华东理工大学、上海应用技术大学等7所高校图书馆和徐汇区虹梅庭公益服务中心。

围绕服务宣传周、世界读书日,公共图书馆为上海市民准备了丰富的阅读盛宴:"汇悦读"徐汇全民阅读季、"书香杨浦"读书月、上海宝山国际儿童文学阅读季、静安读书周、金山阅读派、"书香·奉贤"奉贤区阅读节、"清阅朴读"青浦区市民读书节、"向阅读表白"2017嘉定读书月等,带动广大市民读书的热情,营造多读书、读好书的社会氛围和良好风尚。

在区域性服务品牌建设方面,嘉定区图书馆的"我嘉书房""百姓书社"在远离公共图书馆的农村和社区建立基层服务点,填补了15分钟文化圈未能涉及的边远地区文化服务网络的空白点;徐汇区图书馆创建了集书房、客厅、工作室为一体的"书香联盟"阅读空间体系;浦东图书馆与上海海事大学、上海海洋大学、上海电机学院联合创建了跨行业文献馆际互借平台,200多万册专业图书通过平台共享互借。徐汇区图书馆"约书吧"、浦东陆家嘴图书馆"易悦读"、杨浦区图书馆"书界"服务利用手机选书,通过快递投递箱、街头自助图书馆和自费快递等方式送书"上门"。这些服务以"互联网+"的思维模式,整合了智能书库、手机移动预约平台、"一卡通"读者管理系统、现代物流和移动支付平台,开创了图书外借最便捷的实现形式,为切实解决公共图书馆服务"最后一公里"问题做了有益的尝试。

三 | 基础保障

（一）政策保障稳步推进

根据《公共图书馆法》要求，公共图书馆事业必须纳入本级国民经济和社会发展规划，公共图书馆建设要纳入城乡规划和土地利用总体规划，事业发展所需经费列入本级政府预算。

2017年度的第六次全国县级以上公共图书馆评估定级（以下简称"六次评估"）及上海市《公共图书馆法》宣传贯彻落实情况调研数据显示，市、区两级24家公共图书馆基本实现《公共图书馆法》要求，街道（乡镇）级图书馆能够实现事业发展所需经费列入本级政府预算。

其中《上海市公共图书馆管理办法》（以下简称《管理办法》）是国内较早出台的有关公共图书馆建设的地方条例，由上海市人民政府于1996年11月发布、并历经多次修订，随着《公共图书馆法》的颁布实施，《管理办法》的修订也将提上议事日程。

（二）经费保障稳步提升

2014年以来，上海市市、区、街道（乡镇）公共图书馆财政拨款总额稳步增长。

2017年，随着上海图书馆东馆项目正式动工，市级图书馆财政拨款总额呈现超常规增长态势；区级公共图书馆馆均财政拨款总额为2 615.2万元，年均增长率10.3%；街道（乡镇）级公共图书馆馆均购书经费为11.3万元，馆均活动经费为4.4万元，购书与活动合计经费年均增长率达8.7%。公共图书馆所需经费基本实现及时拨付。

表1.3 2014~2017年上海市公共图书馆财政拨款总额

单位类型	单位数（个）	2014年（万元）	2015年（万元）	2016年（万元）	2017年（万元）
市级图书馆合计	2	38 546.6	40 762.5	45 920.1	153 817.3
区级图书馆合计	22	42 851.2	44 264.7	54 819.8	57 533.8
街道（乡镇）级图书馆合计①	215	2 638.0	2 739.4	2 951.2	3 384.0

数据说明：① 街道（乡镇）级图书馆财政拨款总额包括购书专项经费、活动经费，未包括人员经费，其中活动经费为社区文化活动中心总体活动经费。

资料来源：上海市图书馆学会、上海市图书馆行业协会。

2017年，市、区两级公共图书馆财政拨款总额小于1 000万元的共有4家，其中3家为区级独立少儿馆。5家图书馆年度财政拨款总额在1 000~2 000万之间，其中两家为非区级总馆，两家为远郊图书馆，上海少年儿童图书馆的拨款总额也未达2 000万。29.2%的市、区两级公共图书馆的拨款总额处于2 000~3 000万之间。累计超过八成的市、区级公共图书馆年度拨款总额在5 000万之内。

表1.4 2017年上海市市、区两级公共图书馆财政拨款总额分布

财政拨款总额（万元）①	单位数（个）	百分比（%）	向上累积百分比（%）
<1 000	4	16.7	16.7
1 000~2 000	5	20.8	37.5
2 000~3 000	7	29.2	66.7
3 000~5 000	4	16.7	83.4
5 000~6 000	2	8.3	91.7
6 000~10 000	1	4.2	95.8
≥10 000	1	4.2	100.0

数据说明：① 含下限不含上限。

资料来源：上海市图书馆行业协会。

（三）队伍结构日趋合理

2017年，上海市市、区和街道（乡镇）三级公共图书馆总计员工数达3 531人，与2016年的3 456人相比增长2.17%。由于正在为新馆储备

人才,两个市级图书馆人员增长幅度最大,同比增长8.6%;区级图书馆总体比2016年增长7.1%;而街道(乡镇)馆从业人员总体同比减少6.2%。

全市馆均从业人员为14.8人,其中在编人员10.9人。市级图书馆中,上海少年儿童图书馆没有雇佣派遣人员;区级图书馆中,馆均员工数为63.4人,其中在编人员52.5人,派遣人员10.9人(其中有8家馆没有雇佣派遣人员);街道(乡镇)级图书馆馆均6人,在编人员3人。

目前上海市、区级公共图书馆的从业人员均以本科学历为主;市级的两个馆,硕士及以上学历人员占在编人数的比值列第二位,为24.1%;区级馆中,学历人数占第二位的是大专,占在编人数的比例为20.5%。街道(乡镇)级公共图书馆学历占比最高的是大专学历。

上海图书馆是目前国内唯一的图情合一、综合性、研究型公共图书馆,岗位类型、职称系列跨度较大,因此,2017年全市公共图书馆员工的正高职称全部集中在上海图书馆。从人数上来看,全市图书馆从业人员职称的数量按照正高、副高、中级、初级依次递增。

(四)社会参与逐步增强

市、区两级图书馆已普遍或部分实行了物业、信息化系统设备维护、图书编目,图书上架、理架和外借服务的外包;一些街道(乡镇)图书馆采用了委托社会组织管理的运营方式,推行用工制度改革,委托第三方聘请编外人员从事咨询、外借、设备维护等服务和业务管理工作。越来越多的市民作为志愿者,积极参与图书馆的各项服务。目前本市市、区两级公共图书馆志愿者人数已近15 000人。2016年在全市开展了"上海市百名阅读推广人"评选活动,总计235家阅读推广组织、272位阅读指导员参与评选,在这些阅读推广组织中云集了一大批社会公益阅读推广热心人,他们中有图书馆从业人员、全职妈妈、白领精英、青年教师、独立书店的主人、新闻工作者、自由撰稿人、自由职业者、大学退休教授、高级工程师、老红军战士、"两弹一星"功臣等。他们在这个城市中打造多样的阅读空间、聚集不同的阅读群体、传播新锐的阅读理念。2017年,分别有64个和154个社会公益组织与上海图书馆和上海少年儿童图书馆合作开展阅读推广活动;与区级公共图书馆合作的社会公益组织馆均达20.1个;街道(乡镇)级公共图书馆借助社会力量开展阅读推广活动的数量相对较少,馆均仅1.9个,其中嘉定区、奉贤区、浦东新区、静安区街道(乡镇)图书馆借助社会力量开展活动较为积极,四区街道(乡镇)馆馆均合作的社会组织分别为21.8个、17.4个、14.7个和10.9个。

表1.5　2017年上海市公共图书馆阅读推广活动社会参与情况

单位类型	单位数(个)	合作开展阅读推广活动社会公益组织(个)
市级图书馆均值	2	109.0
区级图书馆均值	22	20.1
街道(乡镇)级图书馆均值	215	1.9

资料来源:上海市图书馆行业协会。

四 | 问题对策

习近平总书记在十九大报告中指出,"满足人民过上美好生活的新期待,必须提供丰富的精神食粮"。通过2017年度的"六次评估",让我们看到近年来上海市图书馆事业的进步和发展,但同时也清晰认识到了发展中存在的不足、面临的挑战。对照世界城市公共图书馆事业"开放、合作、交流"的发展趋势,以及上海城市社会发展水平和市民对公共图书馆的期盼,本市公共图书馆建设尚存在一些不足。

(一)空间布局不够均衡

公共图书馆是最具社会影响力和深远文化价值的公共文化服务设施之一。上海市、区两级公共图书馆通过多年的发展已为市民们所熟悉,但身边的街道(乡镇)图书馆由于坐落于各街道(乡镇)社区文化活动中心内,且部分馆舍环境老旧、地理位置偏僻,市民的知晓度较低。近、远郊区域图书馆空间布局不够均衡,公共图书馆设施的数量、规模、周边公共交通、辐射面积、服务人口等需要进一步标准化(见图1.1)。2017年,上海市中心图书馆的"一卡通"服务体系,已经在嘉定区、闵行区试点24小时城市书房建设,用以填补近郊人口导入区域的公共图书馆服务空白。

(二)保障条件仍需加强

近年来,上海市公共图书馆财政拨款总额保持稳步增长,每年预算资金能够及时落实到位,但在人员编制、劳务用工等政策方面,由于部分区未能充分考虑图书馆馆舍面积、全年365天无休、非法定节假日每天超过8小时开放、阅读推广活动集中于双休及非常规工作时段等

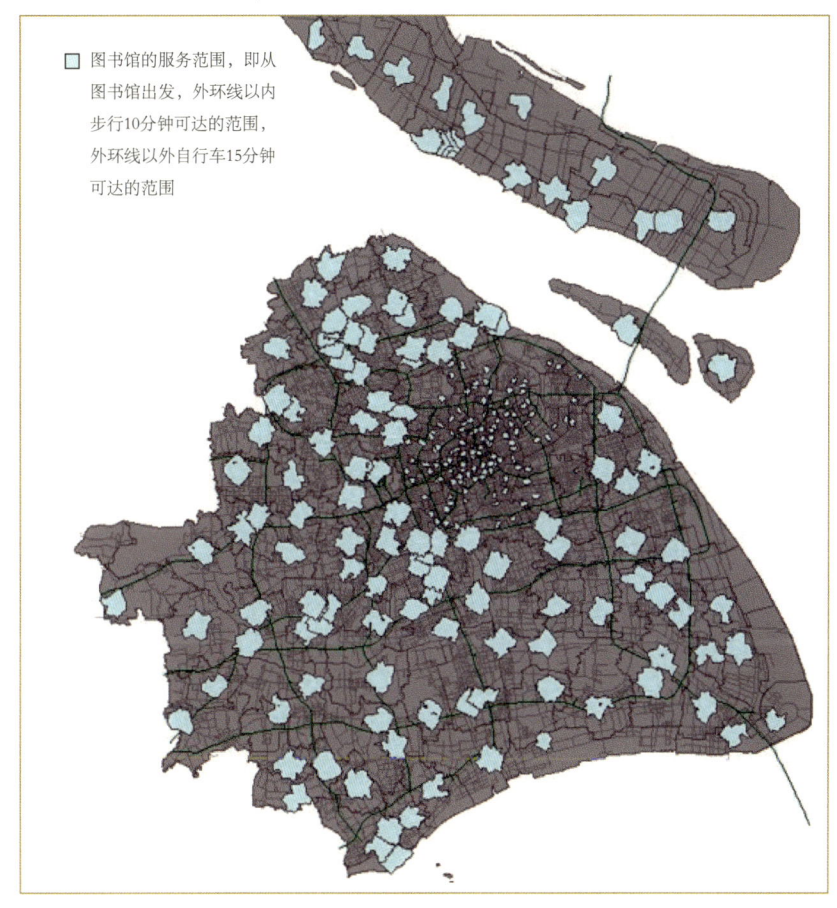

图1.1 上海市市、区、街道(乡镇)"一卡通"公共图书馆体系示意图

资料来源:上海市中心图书馆知识和服务管理系统,城市数据团制图。

因素,导致部分公共图书馆机构编制不足,且未设置购买社会化服务的项目经费或劳务用工额度,导致部分阅览室无法正常开放。

从常住人口人均购书指标来看,各区之间的差异较大,大部分图书馆数字资源的购置经费也涵盖其中(见表1.6)。从业务发展角度考察,文献资源购置经费的持续增长,对于馆藏资源建设提出了更高的要求。根据主题特色对馆藏建设做长期规划,根据功能定位科学合理开展图书剔旧工作、理顺剔旧后图书固定资产处置及后续应用等亟须明确的操作细则,用以保障图书馆业务工作的开展。

表1.6　上海市各区公共图书馆文献资源投入情况

区域	常住人口数（万人）	区、街道（乡镇）文献资源经费投入小计（万元）	人均文献资源经费（元/人）
黄浦区	65.62	506.20	7.71
徐汇区	108.56	455.04	4.19
长宁区	68.87	423.15	6.14
静安区	106.78	1 007.22	9.43
普陀区	128.23	396.08	3.09
虹口区	80.50	348.05	4.32
杨浦区	130.94	703.49	5.37
闵行区	253.98	657.49	2.59
宝山区	203.05	790.95	3.90
嘉定区	157.96	883.42	5.59
浦东新区	550.10	1 768.90	3.22
金山区	80.51	253.37	3.15
松江区	176.48	539.51	3.06
青浦区	121.49	407.77	3.36
奉贤区	116.74	422.65	3.62
崇明区	69.89	412.42	5.90
合计	2 419.70	9 975.71	4.12

数据说明：各区文献资源经费数据中不包括市级图书相关经费。

资料来源：上海市图书馆行业协会、上海市统计局《2017上海统计年鉴》。

（三）专业服务、学术研究能力有待提升

由于同城因素，上海市公共图书馆行业的专业研究服务主要由上海图书馆承担，上海少年儿童图书馆多聚焦于少儿服务研究，区级图书馆在专业、信息服务领域人员配置及服务有限，部分区馆未设专门的信息服务部门和岗位，深度的决策咨询和情报服务项目普遍较少。未来上海市区级公共图书馆的专业服务将重点聚焦各馆主题特色与地方（古籍）文献的收藏、研究，同时鼓励区级图书馆积极参与区两会服务，为区域发展建设提供文献研究支持。

在学术能力培育方面，有近半数的市、区两级图书馆成立了学术研究委员会，2017年各馆举办的学术活动达58个，参与人数达5 560人次。未来上海市图书馆学会与上海市图书馆行业协会将进一步实现优势互补，分别从理论学术研究和业务实践研究两个方向入手，鼓励更多的公共图书馆建立学术研究相关体制机制，参与国家级、市级公共文化服务课题申报，注重创新案例的实践研究及推广应用，吸引更多馆员参与到学术研究中来，培养提升青年馆员的学术研究能力。

（四）人才队伍建设有待加强

近年来，上海市公共图书馆在人员招聘中提高了学历和专业素质要求，大学本科以上学历人员比例明显上升；然而，高层次专业人才还是比较有限，高级职称员工比例相对偏低，2017年，区级图书馆正高级职称人员数为0。同时，由于公共图书馆人才激励措施有限，年轻员工成长动力不足，人才流失现象也比较突出，2017年上海图书馆辞职到教育系统、公务员/参公单位工作的员工人数是2016年的两倍；处于服务第一线的街道（乡镇）图书馆人员流动性更大，部分主管部门对于图书馆服务的认知仍然停留在借书、还书的操作层面，导致专业队伍人才结构不尽合理，影响图书馆事业的健康发展。

> **撰稿人**
>
> 孙健，上海图书馆（上海科学技术情报研究所）协调辅导处，馆员。研究方向：图书馆公共服务体系。
>
> 张晓文，上海图书馆（上海科学技术情报研究所）协调辅导处，馆员。研究方向：图书馆行业管理与发展。
>
> 余欣甯，上海图书馆（上海科学技术情报研究所）协调辅导处，馆员。研究方向：数字文化服务体系。

第二章
体系建设篇
SYSTEM ESTABLISHMENT

　　上海市公共图书馆服务体系是依托于上海市中心图书馆的三级服务架构，实现统一编目、通借通还，同时以多种形态、方式向基层延伸的公共图书馆服务网络。在中心图书馆三级服务网络的基础上，各区根据自身公共文化建设的实际情况，通过建立居（村）、社区图书室、农家书屋、24小时街区智慧图书馆、城市书房、流动车、网上预约外借、电子图书借阅机等，因地制宜地，逐步构建起多种形态并存、方便快捷的市级总馆—区级总馆—街道（乡镇）分馆—居（村）、城市书房等基层服务网络体系。

一 | 服务体系

市—区—街道（乡镇）—居（村）、延伸服务点四级公共图书馆服务网络体系的构建，实现了对上海地区公共图书馆最大程度的区域化覆盖。

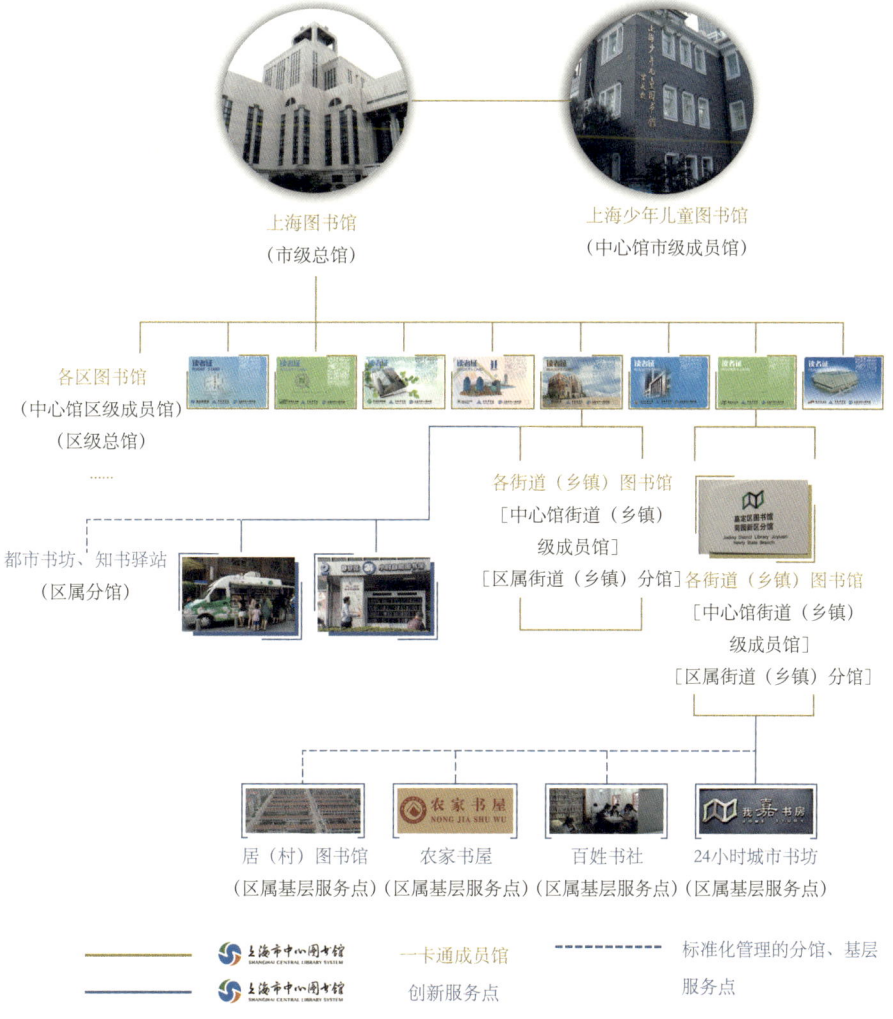

图2.1　上海市公共图书馆服务体系示意图

（一）上海市中心图书馆的"一卡通"体系

上海市中心图书馆"一卡通"体系是在不改变各参与图书馆行政隶属前提下，以上海图书馆为市级总馆，以上海少年儿童图书馆为市级成员馆，以各区级图书馆为区级成员馆，以街道（乡镇）图书馆为街道（乡镇）级成员馆，以专业社会机构图书馆为联盟馆的图书馆联合体。"中心图书馆"建设充分考虑了上海市民通勤区域跨度大、区域间交通便利性强等因素，构建起市、区、街道（乡镇）三级网络基本全覆盖的公共图书馆总分馆体系，实现一馆办证、通借通还、资源共享、信息共通，在三级政府两级财政、人财物无法统一的背景下，实现了图书馆图书流通业务的高度整合，首开国内超大型城市图书馆总分馆建设体系之先河，成为国内联盟式图书馆总分馆体系的代表。

2017年，静安、闸北两区合并，机构数同比2016年减少1个；区、街道（乡镇）两级新增服务点14个。新增服务点中，服务大居的创新服务点"城市书房"分别在闵行和嘉定初创试点，皆实现属地化管理。截至2017年底，上海市中心图书馆总分馆体系机构成员已达到272家，现有成员中包括市级总馆1家，市级少儿成员馆1家，区级成员馆22家，街道（乡镇）级成员馆214家，其他服务点11家，高校分馆14家，专业分馆9家，总计320个"一卡通"服务馆点。"一卡通"体系建设充分体现了公益性、基本性、均等性、便利性的公共文化服务特征。

表2.1 上海市中心图书馆的"一卡通"体系机构数和服务网点数

		总分馆分布	"一卡通"分布	
		机构数（个）	机构数（个）	服务网点数（个）
市级公共图书馆	市级总馆	1	1	1
	市级成员馆	1	1	1
区级公共图书馆	区级成员馆	22	22	53
街道（乡镇）级公共图书馆	街道（乡镇）成员馆	214	214	242
	城市书房	0	0	6
其他成员馆①		34	17	17
总计		272	255	320

数据说明：① 其他成员馆包括高校分馆、专业分馆等其他服务点。
资料来源：上海图书馆·上海市中心图书馆知识管理与服务系统。

（二）区级总分馆体系

为了贯彻《上海市"十三五"公共图书馆发展规划》文件精神，全面落实《关于加快构建现代公共文化服务体系的意见》《关于推进县级文化馆图书馆总分馆制建设的指导意见》，上海市公共图书馆行业在各级文化行政单位的指导下探寻总分馆制建设与城市现代公共文化服务体系的契合，因地制宜推进具有城市特色的总分馆制建设，进一步完善城乡基层公共文化服务网络。区级公共图书馆作为上海市中心图书馆的区级成员馆，同时也是所在区的街道（乡镇）图书馆的区域级总馆，支持和指导所在区街道（乡镇）公共图书馆的各项工作，成为所在区文献资源、业务指导、技术支持、文献提供的中心。

街道（乡镇）图书馆作为上海市中心图书馆的基层服务成员馆，同时也是各区域级总馆的分馆，承担基本阅读、文献外借职能，就近为市民普及科学文化知识，提供公共信息、开展社区教育等服务。

居（村）服务点、农家书屋以及各类创新型服务点，纳入区级总分馆管理体系，与区级图书馆、街道（乡镇）图书馆实现资源整合与分级管理。上海市嘉定区2个区级图书馆、12个街道（乡镇）图书馆、100家"百姓书社"、113个农家书屋和5个"24小时街区智慧图书馆"，共同织就了一张便捷的公共图书馆服务网络；上海市浦东新区图书馆采取三级+多元化的总分馆服务模式，实现"总馆—直属分馆、区域分馆—街道（乡镇）分馆—延伸服务点分馆、居民区分馆—流动服务车"+"文献资源共享联盟"一体化的服务体系；上海市虹口区图书馆的3+8+X型公共文化服务体系是指3个区级图书馆舍、8个街道（乡镇）图书馆和X个社区、单位等图书室，目前图书室已有139个；上海市崇明区图书馆已形成以区级图书馆为总馆、18家街道（乡镇）图书馆为分馆、269家居（村）图书室为基层服务点、46家流动图书服务点为补充的四级服务网络；上海市徐汇区图书馆积极整合资源，建立共享平台，打造区级图书馆—13个街道（乡镇）图书馆—73个居委自助阅读室的立体服务网络，全面辐射到本区域内读者。随着区级总分馆建设指导意见的出台，区级图书馆对于街道（乡镇）图书馆的管理及指导功能将进一步加强，切实提升基层公共图书馆的居（村）、社区图书室辐射功能。

表2.2 上海市各区图书馆总分馆体系概览

区域	区级总分馆（舍）数（个）	街道（乡镇）分馆数（个）	24小时街区图书馆、城市书房及其他（个）	居（村）、社区图书室/书坊/书社数（个）	农家书屋数（个）
黄浦区	3	10			
徐汇区	1	13		73	
长宁区	2	10	1	187	
静安区	5	14	7		
普陀区	2	10			
虹口区	3	8	1	139	
杨浦区	2	12	1		
闵行区	1	13	6		89
宝山区	1	12			63
嘉定区	2	12	9	100	113
浦东新区	6	35	7		319
金山区	1	11			124
松江区	1	15		103	76
青浦区	1	11			184
奉贤区	1	8		34	146
崇明区	1	18	5		269
合计	33	212	37	636	1 383

资料来源：第六次全国县级以上公共图书馆评估定级，上海市图书馆行业协会分析整理。

（三）馆外延伸服务点

1. 延伸服务点

馆外延伸服务点充分发挥了各区域公共图书馆服务的辐射作用，凸显公共图书馆服务大众的社会职能，提高公共图书馆馆藏文献资源的利用率，通过配送书刊、数字资源、举行各类阅读活动等形式把图书馆服务延伸到居（村）、社区、部队、学校、企业等各个角落。

延伸服务点多以集体外借的方式轮换图书，且以阅览为主。2017年为进一步规范馆外延伸服务点的服务与管理，由上海市图书馆牵头，着手对延伸服务点配备的集体外借证进行清理，要求集体外借读者证对应的馆外服务点必须与合作图书馆签订诚信协议,明确责任主体,加强全程管理,建立退出机制,规范工作流程。

2. 流动图书车

静安区图书馆"读者1号"流动图书车于2010年正式投入使用。流动图书车拥有完备的车载借还系统和服务终端,借助无线网络技术,与上海市中心图书馆"一卡通"系统相连接,在以静安区南京西路为主线的商务楼宇集中区域,定时定点提供图书通借通还、现场办证、信息宣传、阅读推广等服务,深受读者欢迎。新增"读者2号"流动车,主要服务新静安北区读者。目前两辆流动车共设有8个流动服务点,每周按固定的服务日程表定点服务。

表2.3 上海市各区图书馆馆外服务点数

区域	馆外服务点(个)
黄浦区	82
徐汇区	—
长宁区	50
静安区	41
普陀区	85
虹口区	—
杨浦区	39
闵行区	33
宝山区	19
嘉定区	—
浦东新区	374
金山区	100
松江区	—
青浦区	54
奉贤区	197
崇明区	46
合计	1 120

数据说明:部分区居(村)、社区图书室、农家书屋等与馆外服务点在不同来源统计中存在重合现象,表中徐汇区、嘉定区、松江区的居(村)等馆外服务点皆纳入区域总分馆体系中阐述,在此表中不再重复计算。

资料来源:第六次全国县级以上公共图书馆评估定级。

(四)公共电子阅览室

2012年,为进一步加强公共数字文化建设,提高公共文化服务能力,推动覆盖城乡的公共文化服务体系建设,切实保障数字化、信息化、网络化环境下公共文化服务的公益性、基本性、均等性、便利性,文化部发布"公共电子阅览室建设计划",进一步完善全国各级公共图书馆的软硬件设施,增强各级公共图书馆的数字文化服务能力。上海市的公共电子阅览室建设在立足公共图书馆的同时,将始建于2004年的东方社区信息苑也纳入公共电子阅览室体系,并及时融入全国文化信息资源共享工程的基层服务点和社区公共电子阅览室服务功能,对上海社区居民消除数字鸿沟、进入互联网时代起到了积极作用。

表2.4 上海市公共电子阅览室分布情况(个)

区域	公共电子阅览室			
	市、区两级图书馆公共电子阅览室数量	街道(乡镇)图书馆公共电子阅览室数量	东方社区信息苑数量	合计
黄浦区	3		10	13
徐汇区	3	1	15	19
长宁区	1	1	12	14
静安区	2		12	14
普陀区	1		14	15
虹口区	6		8	14
杨浦区	1	1	11	13
闵行区	1		38	39
宝山区	1		24	25
嘉定区	6		24	30
浦东新区	3		55	58
金山区	3		14	17
松江区	1		18	19
青浦区	1		10	11
奉贤区	1		14	15
崇明区	1		18	19
合计	35	3	297	335

资料来源:文化部公共文化司2016年度公共数字文化工程考核。

二 | 服务面积

根据《中华人民共和国公共图书馆法》的要求，公共图书馆建设属于公共文化服务基础设施建设，应纳入国民经济和社会发展总体规划、城乡规划和土地利用总体规划。截至2017年底，上海市市、区、街道（乡镇）三级公共图书馆总面积达56.9万平方米，每10万人拥有图书馆面积2 351.5平方米。其中，上海图书馆服务于全市2 400多万人口，属于大型图书馆的规模，但书库面积占比较大，读者服务面积略显不足；上海少年儿童图书馆作为面向全市少年儿童的图书馆，面积捉襟见肘、明显不足。随着上海图书馆东馆、市少儿馆新馆项目破土动工，市级图书馆服务面积不足的局面将得以改善。上海市各区级图书馆面积从0.45万~2万平方米不等，其中浦东新区图书馆服务本区域550万人口，面积6.9万平方米，是区级图书馆中面积最大的图书馆。

上海图书馆

表2.5 2017年上海市公共图书馆服务面积（平方米）

单位名称	总面积	其中少儿部分
市属合计	130 923.5	2833.2
上海图书馆（上海科学技术情报研究所）	126 267	100
上海少年儿童图书馆	4 656.5	2 733.2
区属合计	306 419.5	25 488.32
上海市黄浦区图书馆	13 122	1 347
上海市黄浦区明复图书馆	4 227	—
上海市徐汇区图书馆	5 426	400
上海市长宁区图书馆	15 545.02	600
上海市长宁区少年儿童图书馆	5 017	2 753
上海市静安区图书馆	15 646.9	947
上海市静安区闸北少年儿童图书馆	3 196.4	536.8
上海市普陀区图书馆	34 461.08	2 618.3
上海市普陀区少年儿童图书馆	2 014	1 476
上海市虹口区图书馆	12 427.88	828.12
上海市杨浦区图书馆	7 445.74	461.3
上海市闵行区图书馆	15 518	2 533.8
上海市宝山区图书馆	12 134	1 200
上海市嘉定区图书馆	22 767.49	980
上海市浦东新区图书馆	69 185.37	1 700
上海市浦东新区陆家嘴图书馆	3 755	396
上海市浦东新区新川沙图书馆	4 755	1 862
上海市金山区图书馆	8 900.62	440
上海市松江区图书馆	6 411	400
上海市青浦区图书馆	11 300	556
上海市奉贤区图书馆	17 164	1 000
上海市崇明区图书馆	16 000	2 453
街道（乡镇）合计	131 884.38	—
全市总计	569 227.38	—

数据说明：街道（乡镇）少儿区域没有单独的统计数据，在此不作全市合计。

资料来源：上海市图书馆行业协会。

三 | 开馆时间

根据《上海市公共图书馆管理办法》规定,市级综合性图书馆每周开放时间为70小时以上,区级综合性图书馆每周开放时间为63小时以上,独立建制的少年儿童图书馆为36小时以上,市、区两级图书馆应当每天(包括节假日)向读者开放。独立建制的少年儿童图书馆周六、周日和寒暑假期间每天的开放时间不得少于8小时。2017年市、区两级图书馆的开馆时间已经超过规定要求,综合性图书馆平均开馆时间达77.8小时,独立建制少年儿童图书馆平均开馆时间达54小时;街道(乡镇)级图书馆每周开放时间长达63.32小时。

表2.6 上海市市、区两级公共图书馆开馆时长分布

每周开馆时长(小时)①	单位(个)	百分比(%)	向上累积百分比(%)
<50	1	4.2	4.2
50~70	4	16.7	20.9
70~80	14	58.3	79.2
80~90	3	12.5	91.7
≥90	2	8.3	100.0
合计	24	100.0	—

数据说明:① 下限包含,上限不包含。
资料来源:上海市图书馆行业协会。

撰稿人 孙健,上海图书馆(上海科学技术情报研究所)协调辅导处,馆员。研究方向:图书馆公共服务体系。

第三章
资源建设篇
RESOURCE ESTABLISHMENT

　　文献资源建设是图书馆赖以生存和发展的物质基础,也是图书馆借以完成各项任务、发挥多种功能的前提。因此文献资源建设是图书馆最重要的基础工作,它直接影响图书馆各项职能的发挥。2017年上海市公共图书馆资源建设年度报告,主要从文献资源建设经费使用情况、当年文献购置数量、资源积累总量以及特色资源四个方面进行总结。

一 | 购置经费

（一）文献资源购置经费总体情况

2017年，上海市、区、街道（乡镇）公共图书馆文献资源购置经费总额达24 353.71万元，同比2016年微涨0.33%。其中，上海图书馆和上海少年儿童图书馆由市级财政支持；区级财政支持的区级图书馆共计22家，馆均文献资源购置经费为343.1万元；街道（乡镇）图书馆215家，馆均文献资源购置经费为11.3万元，增幅较大。

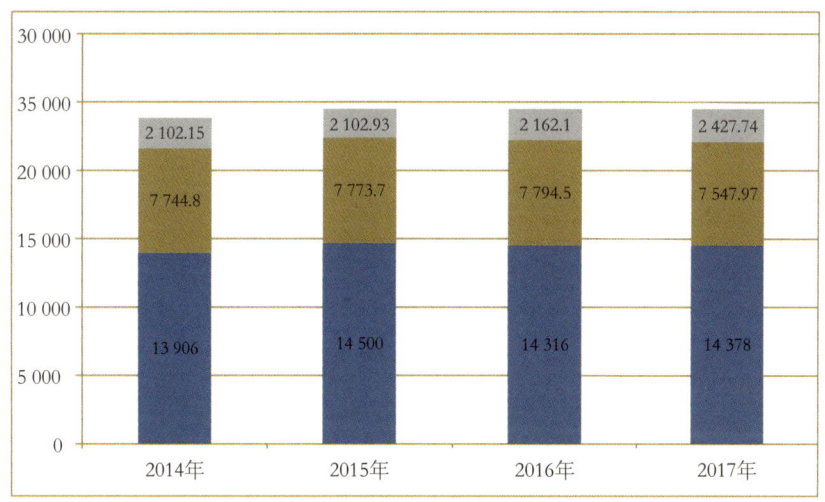

图3.1　2014~2017年上海市公共图书馆文献资源购置经费（万元）

资料来源：第六次全国县级以上公共图书馆评估定级、上海市图书馆行业协会。

（二）市级图书馆文献资源购置经费情况

2017年市级图书馆合计经费14 378万元，比2016年微涨0.43%；其中，上海图书馆文献资源购置经费略有起伏，上海少年儿童图书馆增幅明显，每年都有超过两位数的增长。

嘉定区图书馆普通文献借阅区

（三）区级图书馆文献资源购置经费情况

2017年上海市区级图书馆合计经费7 547.97万元，较2016年下降3.2%；3家区级少儿馆的平均购书经费为52.0万元，同比小幅下降；19家综合性区级图书馆的平均购书经费达389.1万元。

数据分析显示，近年来，以浦东、嘉定、宝山、闵行为代表的近郊区级馆的文献资源购置经费均值明显高于市区和远郊区级图书馆。

表3.1　2013~2017年上海市公共图书馆文献资源购置经费单位均值

单位类型	单位数（个）	2014年（万元）	2015年（万元）	2016年（万元）	2017年（万元）
区级图书馆馆均值	22	352.0	353.4	354.3	343.1
市区区级图书馆馆均值	13	231.8	219.8	245.2	272.1
近郊区级图书馆馆均值	4	626.8	630.9	572.0	490.1
远郊区级图书馆馆均值	5	286.8	314.1	333.2	322.9

数据说明：数据为当年价格。

资料来源：第六次全国县级以上公共图书馆评估定级、上海市图书馆行业协会。

2017年度，年文献资源购置经费少于50万元的皆为独立建制的区级少儿馆，8家区级图书馆文献资源购置经费集中于200~500万之间，占36.4%；5家图书馆集中于500~1 000万之间。

表3.2　2017年上海区级公共图书馆文献资源购置经费分布

年度文献资源购置经费（万元）①	单位数（个）	百分比（%）	向上累积百分比（%）
＜50	2	9.1	9.1
50~100	1	4.5	13.6
100~150	2	9.1	22.7
150~200	3	13.6	36.3
200~500	8	36.4	72.7
500~1 000	5	22.7	95.4
≥1 000	1	4.5	99.9

数据说明：① 下限包含，上限不包含。

（四）街道（乡镇）级图书馆文献资源购置经费情况

2017年度各区街道（乡镇）级图书馆文献资源购置经费合计2 427.74万元，同比增长12.29%。街道（乡镇）馆购书经费位居前五的分别是浦东新区、嘉定区、宝山区、静安区和杨浦区，经费最高值为519.6万元，最低值为57.4万元，最大值和最小值差额为462.2万元。

表3.3　2017年上海市各区街道（乡镇）馆文献资源购置经费情况

所属区名	街道（乡镇）图书馆数（个）	购置经费总额（万元）	馆均购置经费（万元）
黄浦区1	6	28.84	4.81
黄浦区2（原卢湾）	4	38.96	9.74
徐汇区	13	133.14	10.24
长宁区	10	147.35	14.74
静安区	14	179.22	12.80
普陀区	10	96.11	9.61
虹口区	8	68.05	8.51
杨浦区	12	154.49	12.87
闵行区	13	151.49	11.65
宝山区	12	183.95	15.33
嘉定区	12	305.42	25.45
浦东新区	39	519.60	13.32
金山区	11	93.77	8.52
松江区	15	89.51	5.97
青浦区	10	107.77	10.78
奉贤区	8	72.65	9.08
崇明区	18	57.42	3.19
合计	215	2 427.74	11.29

资料来源：上海市图书馆行业协会。

二 | 编目时效

编目工作是图书馆最重要的业务工作之一,它是文献资源进入图书馆流通的第一道关口,是图书馆开展其他业务工作的前提。它的工序复杂、技术性强、工作量大,同时又是多工种、多人协作的综合性工作。文献编目时效很大程度上影响了图书馆新书上架流通的周期。编目工作效率的高低将影响整个图书馆文献资源的流通效率。2017年"六次评估"数据显示,上海地区公共图书馆期刊到馆至完成记到指标中,一个工作日完成期刊记到的馆占40%;两个工作日完成期刊记到的馆占20%;三个工作日完成期刊记到的馆占40%。报纸到馆至完成记到指标中,当天完成记到的占20%,一个工作日完成记到的80%。图书到馆至完成编目各馆平均需要16个工作日。

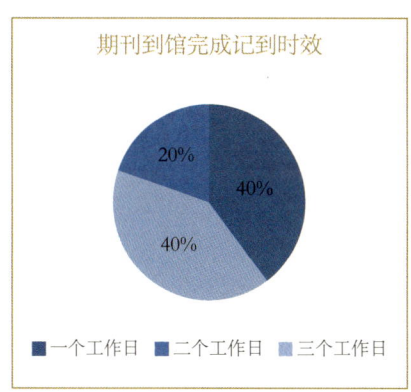 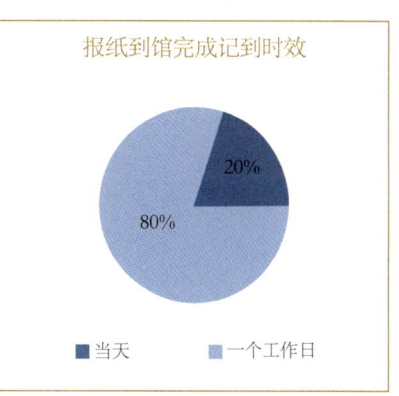

图3.2 2017年上海市市级公共图书馆文献编目时效

三 | 馆藏情况

本年度报告中馆藏情况统计分为文献馆藏和数字资源馆藏。文献馆藏指数字资源之外的传统馆藏，包括图书、期刊、报纸、缩微制品、录像录音光盘等视听资料、手稿等载体形式的文献，不包含电子文献。

（一）文献馆藏情况

1. 图书馆文献总藏量

2017年，上海市文献馆藏总计达8 710.77万册/件，人均馆藏拥有量达3.60册/件，其中纸质文献（即图书）人均拥有量达1.84册，非书资料人均拥有量为0.56件。

表3.4　2017年上海市公共图书馆文献馆藏总体情况

图书馆性质	单位数（个）	总藏量（万册/件）	其中 纸质文献/图书（万册）
上海市合计	239	8 710.77	4 446.30
市级图书馆合计	2	5 666.60	1 538.91
区级图书馆合计	22	2098.17	1 977.49
街道（乡镇）级图书馆合计	215	946.00	929.90

资料来源：上海市图书馆行业协会。

市级馆总藏量为5 666.6万册/件。其中，上海图书馆的家谱、化学化工文献资源、会议录文献资源、地图资源、专利文献资源、年鉴名录文献资源等的各类馆藏都形成了一定的规模。

表3.5 2017年上海市市级公共图书馆文献馆藏情况

单位名称	总藏量（万册/件）	其中	
		纸质文献/图书（万册）	缩微及视听资料（万件）
上海图书馆（上海科学技术情报研究所）	5 574.19	1 460.55	1 262.90
上海少年儿童图书馆	92.41	78.36	12.43
合计	5 666.6	1 538.91	1 275.33

资料来源：上海市图书馆行业协会。

2017年，区级图书馆总藏量为2 098.17万册/件（见表3.6），其中纸质文献藏量超过100万册/件的7家，80~100万册/件的4家，60~80万册/件的3家，低于60万册/件的8家，平均每家区级图书馆拥有95.5万册/件馆藏。

2017年度，上海市街道（乡镇）级图书馆总藏量为946万册/件，平均每个街道（乡镇）馆拥有4.4万册/件文献馆藏。各区街道（乡镇）馆馆藏总量排名前五的分别是浦东新区、嘉定区、宝山区、徐汇区和杨浦区。总藏量最大值为191.86万册，最小值为12.41万册（见表3.7）。

2."一卡通"文献藏量

上海市中心图书馆"一卡通"体系内的馆藏资源（以下简称"一卡通"文献）所有权分属于上海市中心图书馆各成员馆，但可以在全市范围内实现通借通还。

本节中提及的"一卡通"文献馆藏是按条码数量进行统计的馆藏，包含中外文图书、期刊、电子阅读器及音像制品，与上一节中提到的文献馆藏略有差别（见表3.8）。

徐汇区图书馆

表3.6 2017年上海市区级公共图书馆文献馆藏情况

单位名称	总藏量（万册/件）	其中	
		纸质文献（万册）	缩微及视听资料（万件）
上海市黄浦区图书馆	135.29	121.53	13.73
上海市黄浦区明复图书馆	58.36	48.69	9.05
上海市徐汇区图书馆	86.39	85.59	0.71
上海市长宁区图书馆	75.82	74.44	1.38
上海市长宁区少年儿童图书馆	35.47	34.37	1.10
上海市静安区图书馆	102.29	89.60	3.59
上海市静安区闸北少年儿童图书馆	13.78	10.60	0.28
上海市普陀区图书馆	82.61	77.91	0.82
上海市普陀区少年儿童图书馆	22.45	21.96	0.49
上海市虹口区图书馆	113.16	109.81	3.32
上海市杨浦区图书馆	133.81	122.84	4.89
上海市闵行区图书馆	146.94	145.80	0.79
上海市宝山区图书馆	93.63	86.15	1.14
上海市嘉定区图书馆	104.43	100.07	0.89
上海市浦东新区图书馆	423.33	391.88	11.80
上海市浦东新区陆家嘴图书馆	54.48	48.76	5.48
上海市浦东新区新川沙图书馆	44.82	44.40	0.43
上海市金山区图书馆	42.70	40.87	0.71
上海市松江区图书馆	119.88	118.86	0.90
上海市青浦区图书馆	56.60	54.40	1.28
上海市奉贤区图书馆	85.64	81.12	4.38
上海市崇明区图书馆	69.11	67.84	1.04
合计	2 098.17	1 977.49	68.20

资料来源：上海市图书馆行业协会。

表3.7 2017年上海市各区街道（乡镇）图书馆文献馆藏情况

所属区名	下属街道（乡镇）馆数量（个）	文献藏量	
		总藏量（万册/件）合计（万册）	总馆藏量分析 图书（万册）
黄浦区1	6	20.91	20.57
黄浦区2（原卢湾）	4	12.41	10.24
徐汇区	13	63.81	63.72
长宁区	10	46.92	50.02
静安区	14	59.00	57.41
普陀区	10	46.28	41.11
虹口区	8	26.35	26.23
杨浦区	12	61.09	58.52
闵行区	13	47.00	50.49
宝山区	12	69.93	69.93
嘉定区	12	99.33	97.07
浦东新区	39	191.86	188.87
金山区	11	51.35	50.70
松江区	15	30.48	29.78
青浦区	10	44.42	42.44
奉贤区	8	38.45	37.77
崇明区	18	36.40	35.03
合计	215	946.00	929.90

资料来源：上海市图书馆行业协会。

表3.8　2017年上海市"一卡通"文献馆藏情况

单位名称	单位数	总藏量（万册）	"一卡通"文献藏量（万册）	"一卡通"占总藏量比重（%）
上海市合计	239	8 713.59	2 888.17	33.15%
市级图书馆合计	2	5 666.60	876.32	15.46%
上海图书馆（上海科学技术情报研究所）	1	5 574.19	830.14	14.89%
上海少年儿童图书馆	1	92.41	46.17	49.97%
区级图书馆合计	22	2 100.99	1 207.9	57.49%
上海市黄浦区图书馆	1	135.29	36.55	27.01%
上海市黄浦区明复图书馆	1	58.36	21.73	37.23%
上海市徐汇区图书馆	1	86.39	57.08	66.07%
上海市长宁区图书馆	1	75.82	39.54	52.15%
上海市长宁区少年儿童图书馆	1	35.47	23.67	66.71%
上海市静安区图书馆	1	102.29	70.17	68.60%
上海市静安区闸北少年儿童图书馆	1	13.78	6.41	46.53%
上海市普陀区图书馆	1	82.61	53.18	64.37%
上海市普陀区少年儿童图书馆	1	22.45	5.88	26.17%
上海市虹口区图书馆	1	113.16	86.93	76.82%
上海市杨浦区图书馆	1	133.81	79.29	59.25%
上海市闵行区图书馆	1	146.94	128.54	87.47%
上海市宝山区图书馆	1	93.63	4.35	4.65%
上海市嘉定区图书馆	1	104.43	97.51	93.37%
上海市浦东新区图书馆	1	423.33	204.01	48.19%
上海市浦东新区陆家嘴图书馆	1	54.48	27.04	49.64%
上海市浦东新区新川沙图书馆	1	44.82	15.79	35.22%
上海市金山区图书馆	1	42.70	23.20	54.35%
上海市松江区图书馆	1	119.88	59.56	49.69%
上海市青浦区图书馆	1	56.60	56.03	98.99%
上海市奉贤区图书馆	1	85.64	64.63	75.46%
上海市崇明区图书馆	1	69.11	46.81	67.74%
街道（乡镇）级图书馆合计	215	946.00	803.95	84.98%

资料来源：上海市图书馆行业协会。

（二）数字资源馆藏情况

2017年，市、区两级公共图书馆数字资源馆藏总量达到1 171.47TB，购置数据库738个，自建数据库56个（见表3.9）。根据各馆提交的数字资源馆藏建设数据，区级馆数字资源馆均34.88TB，数字资源馆藏最多的达到154TB，最少的1.6TB。位居前五位的区馆包括宝山区图书馆、浦东新区图书馆、嘉定区图书馆、崇明区图书馆、金山区图书馆和静安区图书馆（并列第五）。

近年来，公共图书馆在尊重版权的前提下，尽力推进数字资源的便捷使用。为了让读者足不出户就可以获得数字文献服务，公共图书馆通过读者证验证等方式，向读者提供了大量可远程访问的数字资源，把"在馆"的图书馆资源变成"在线、在手、在任何地方"的资源，以实现数字资源利用最大化，让读者随时随地享受图书馆的远程数字服务，使图书馆资源"无处不在"（见表3.10）。

宝山区图书馆

表3.9 2017年上海市、区两级公共图书馆数字资源馆藏情况

单位名称	单位数（个）	数字资源总量（TB）	其中	
			购置数据库（个）	自建数字资源（个）
市级图书馆合计	2	404	194	7
上海图书馆（上海科学技术情报研究所）	1	353	176	6
上海少年儿童图书馆	1	51	18	1
区级图书馆合计	22	767.469	544	49
上海市黄浦区图书馆	1	17.14	22	1
上海市黄浦区明复图书馆	1	35.95	15	0
上海市徐汇区图书馆	1	14.822	20	3
上海市长宁区图书馆	1	17	45	0
上海市长宁区少年儿童图书馆	1	1.6	14	1
上海市静安区图书馆	1	45	35	1
上海市静安区闸北少年儿童图书馆	1	7	5	1
上海市普陀区图书馆	1	42.95	26	30
上海市普陀区少年儿童图书馆	1	2	5	0
上海市虹口区图书馆	1	32.59	11	0
上海市杨浦区图书馆	1	18	32	0
上海市闵行区图书馆	1	29.7	34	1
上海市宝山区图书馆	1	154	58	1
上海市嘉定区图书馆	1	59.09	17	1
上海市浦东新区图书馆	1	87.017	76	2
上海市浦东新区陆家嘴图书馆	1	23.89	13	1
上海市浦东新区新川沙图书馆	1	6	12	0
上海市金山区图书馆	1	45	39	0
上海市松江区图书馆	1	26	24	1
上海市青浦区图书馆	1	25.28	2	2
上海市奉贤区图书馆	1	28.94	16	1
上海市崇明区图书馆	1	48.5	23	2

数据说明：（1）数据截至2017年12月31日。

（2）自建数据资源包含各馆共享工程及数字图书馆推广工程资源数据。

资料来源：上海市图书馆行业协会。

表3.10 2017年上海市、区两级公共图书馆可远程访问数据库

单位名称	可远程访问数据库（个）
市级图书馆合计	120
上海图书馆（上海科学技术情报研究所）	118
上海少年儿童图书馆	2
区级图书馆合计	528
上海市黄浦区图书馆	23
上海市黄浦区明复图书馆	12
上海市徐汇区图书馆	28
上海市长宁区图书馆	41
上海市长宁区少年儿童图书馆	13
上海市静安区图书馆	35
上海市静安区闸北少年儿童图书馆	6
上海市普陀区图书馆	24
上海市普陀区少年儿童图书馆	4
上海市虹口区图书馆	14
上海市杨浦区图书馆	21
上海市闵行区图书馆	26
上海市宝山区图书馆	68
上海市嘉定区图书馆	15
上海市浦东新区图书馆	62
上海市浦东新区陆家嘴图书馆	9
上海市浦东新区新川沙图书馆	13
上海市金山区图书馆	40
上海市松江区图书馆	22
上海市青浦区图书馆	17
上海市奉贤区图书馆	15
上海市崇明区图书馆	20

资料来源：上海市图书馆行业协会。

（三）特色馆藏情况

近年来，上海市、区两级公共图书馆在传统阵地服务的基础上，不断加强特色主题资源建设。据不完全统计，上海市有主题图书馆18个（见表3.11）。

表3.11　2017年上海市公共图书馆主题图书馆情况

单位名称	特色主题馆（阅览室）名称
上海图书馆（上海科学技术情报研究所）	家谱阅览室、上海客堂间、名人手稿馆
上海市杨浦区图书馆	上海近代市政文献馆
上海市静安区图书馆	海关文献特色阅览室、商务印书馆版本主题馆
上海市浦东新区陆家嘴图书馆	金融主题图书馆
上海市普陀区图书馆	上海玩具图书馆 上海当代作家作品手稿收藏展示馆
上海市虹口区图书馆	上海影视文献图书馆
上海市徐汇区图书馆	徐汇历史风貌主题馆
上海市黄浦区明复图书馆	石库门风情主题馆
上海市长宁区图书馆	虹桥国际主题馆
上海市闵行区图书馆	春申文化阅览室
上海市嘉定区图书馆	地方文献特色馆藏（嘉乡文献）
上海市金山区图书馆	古籍文献
上海市松江区图书馆	松江地方文献主题馆
上海市宝山区图书馆	陈伯吹纪念馆

资料来源：上海市图书馆行业协会收集整理。

注重馆藏特色文献的收藏和积累，提供独一无二的特色文献服务，应该是公共图书馆差异化服务的努力方向。如果说馆藏是图书馆为大众读者服务的文献基础，那么特色馆藏便是图书馆开展特色服务，满足读者特殊需求的基本保障。在保证基本馆藏服务的同时，积极开展特色馆藏建设，充分实现资源的共建共享，对于图书馆长期发展的重要性不言而喻。在上海市所有公共图书馆中，提供本馆特色资源信息的图书馆有21家。区级馆里，特色资源馆藏量中书刊藏量位居前三的是徐汇区图书馆、松江区图书馆和浦东新区陆家嘴图书馆；拥有地方文献数据库最多的三家馆是浦东新区图书馆、宝山区图书馆和静安区图书馆。特色馆藏建设方面，不仅包括了纸质资源的馆藏，同时特色馆藏的数字化工作也在不断推进中。

四 | 新增藏量[①]

2017年,全市总计新增文献馆藏2 996 925册/件。市级图书馆年新增藏量总计619 642册/件,较2016年有较大幅度增长;区级图书馆馆均新增69 211册/件,比2016年增加20.3%;街道(乡镇)级图书馆2017年新增藏量馆均3 974册/件,比2016年增长19%(见表3.12)。

上海图书馆

[①] 本节中提到的新增藏量仅指2017年度各馆新增的文献馆藏。

表3.12　2017年上海市公共图书馆新增藏量情况（册/件）

单位名称	单位（个）	新增藏量（册/件）
上海市合计	239	2 996 925
市级图书馆合计	2	619 642
上海图书馆（上海科学技术情报研究所）	1	532 907
上海少年儿童图书馆	1	86 735
区级图书馆合计	22	1 522 883
上海市黄浦区图书馆	1	97 899
上海市黄浦区明复图书馆	1	23 448
上海市徐汇区图书馆	1	42 445
上海市长宁区图书馆	1	33 773
上海市长宁区少年儿童图书馆	1	21 034
上海市静安区图书馆	1	58 598
上海市静安区闸北少年儿童图书馆	1	13 175
上海市普陀区图书馆	1	40 625
上海市普陀区少年儿童图书馆	1	11 170
上海市虹口区图书馆	1	57 298
上海市杨浦区图书馆	1	269 368
上海市闵行区图书馆	1	77 186
上海市宝山区图书馆	1	105 282
上海市嘉定区图书馆	1	94 535
上海市浦东新区图书馆	1	229 819
上海市浦东新区陆家嘴图书馆	1	26 756
上海市浦东新区新川沙图书馆	1	25 188
上海市金山区图书馆	1	17 066
上海市松江区图书馆	1	180 262
上海市青浦区图书馆	1	49 902
上海市奉贤区图书馆	1	4 046
上海市崇明区图书馆	1	44 008
街道（乡镇）级图书馆合计	215	854 400

资料来源：上海市图书馆行业协会。

上海少年儿童图书馆

撰稿人	应智慧，上海图书馆（上海科学技术情报研究所）协调辅导处，馆员。研究方向：公共图书馆文献资源建设。

第四章
读者服务篇
READER SERVICE

　　作为推进公共文化服务的重要一环，上海市各级公共图书馆将阅读服务作为重要的公共服务产品，开展形式多样的阅读推广活动，让阅读走近市民群众生活，让有价值的思想融入阅读活动，引导市民群众在参与阅读活动中陶冶性情、增强获得感，使阅读活动成为传播主流价值、提升城市文明程度的有效途径。近5年间，公共图书馆基本服务保持上升态势，数字阅读推广迅猛发展，移动服务紧贴读者需求，读者活动广泛开展，满足了广大读者的基本阅读需求。

一 | 服务读者

（一）读者人数

2017年上海市各级公共图书馆新办各类读者证累计40余万张，年末读者证持证数总计超过470万张。上海市市民持证率已将近20%，即每五个人中，就有一人持有图书馆读者证，可以尽享图书馆提供的各类服务。

各区的市民持证率基本集中在5%~10%之间（不包括区内市级图书馆），其中，市民持证率最高的是嘉定区。嘉定区图书馆在发展过程中，尤其注重提升区域公共图书馆服务能级，其"直管模式"的总分馆建设模式，从建设、管理、服务、质量、效益等方面开展全面考察，确保街道（乡镇）读者共享品质统一的公共图书馆服务，体现在办证数据上，其街道（乡镇）馆的读者证合计数超过了嘉定区馆的读者证数。

嘉定区图书馆多媒体文献借阅区

表4.1 2017年上海市公共图书馆读者证数情况

单位名称	读者证（张）	当年发证（张）
上海市合计	4 745 798	402 083
市级图书馆合计	2 817 994	154 507
上海图书馆（上海科学技术情报研究所）	2 780 963	143 558
上海少年儿童图书馆	37 031	10 949
区级图书馆合计	1 417 330	193 060
上海市黄浦区图书馆	31 449	1 440
上海市黄浦区明复图书馆	6 264	506
上海市徐汇区图书馆	26 904	2 584
上海市长宁区图书馆	40 906	5 044
上海市长宁区少年儿童图书馆	5 590	1 477
上海市静安区图书馆	52 513	5 185
上海市静安区闸北少年儿童图书馆	1 881	62
上海市普陀区图书馆	73 204	6 869
上海市普陀区少年儿童图书馆	1 492	603
上海市虹口区图书馆	65 862	4 122
上海市杨浦区图书馆	30 621	2 931
上海市闵行区图书馆	125 341	10 287
上海市宝山区图书馆	143 149	15 227
上海市嘉定区图书馆	93 828	11 011
上海市浦东新区图书馆	340 053	42 161
上海市浦东新区陆家嘴图书馆	86 379	59 703
上海市浦东新区新川沙图书馆	17 106	1 435
上海市金山区图书馆	43 418	4 047
上海市松江区图书馆	87 209	6 876
上海市青浦区图书馆	47 864	2 819
上海市奉贤区图书馆	74 035	6 735
上海市崇明区图书馆	22 262	1 936
街道（乡镇）级图书馆合计	510 474	54 516

资料来源：上海市图书馆行业协会。

表4.2 2017年上海市主要城区公共图书馆读者证市民持证率情况

区域[①]	读者证数（张）	常住人口（万人）	持证率[②]
黄浦区	46 062	65.62	7.02%
徐汇区	73 614	108.56	6.78%
长宁区	60 850	68.87	8.84%
静安区	74 565	106.78	6.98%
普陀区	91 255	128.23	7.12%
虹口区	72 340	80.5	8.99%
杨浦区	59 048	130.94	4.51%
闵行区	169 766	253.98	6.68%
宝山区	186 128	203.05	9.17%
嘉定区	210 426	157.96	13.32%
浦东新区	538 445	550.1	9.79%
金山区	56 511	80.51	7.02%
松江区	103 363	176.48	5.86%
青浦区	78 902	121.49	6.49%
奉贤区	78 256	116.74	6.70%
崇明区	28 273	69.89	4.05%

数据说明：① 各区读者证数为区级、街道（乡镇）级图书馆读者证数合计值，不包括区内市级图书馆。
② 区读者证数 = 该区区级馆、街道（乡镇）馆读者证数之和；持证率 = 读者证数（张）/ 常住人口数。

资料来源：上海市图书馆行业协会、上海市统计局《2017上海统计年鉴》。

（二）读者分布

近几年上海市公共图书馆"一卡通"读者证总量稳步上升，读者来源覆盖了全球190多个国家和地区，体现了上海作为一个国际化大都市的特点。

表4.3　2017年"一卡通"境外读者国家和地区分布前十名

国家/地区	总读者证（张）
美国	7 209
日本	6 167
韩国	4 878
中国台湾地区	2 469
加拿大	1 987
德国	1 620
法国	1 509
澳大利亚	1 429
中国香港地区	1 318
英国	1 048
合计	29 634

资料来源：上海图书馆·上海市中心图书馆知识管理与服务系统。

2014年4月21日上海图书馆与市教委签署了"中小学生电子学生证作为上图读者证"合作协议。首次同步电子学生证数据，通过批量导入为"一卡通"新增了80多万少儿读者，之后每年同步新的电子学生证数据，每年新增新入学学生约10万人。自2015年起，"一卡通"读者证中，少儿证的占比始终保持在44%左右。

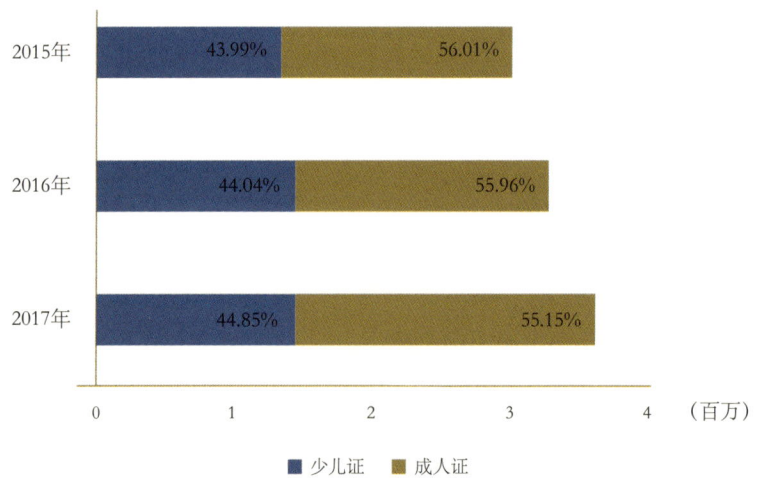

图4.1　2015~2017年上海市公共图书馆"一卡通"读者证成人/少儿证分布

电子学生证的批量引入改变了图书馆读者的年龄分布,少儿成为继青年读者群之外,图书馆的主要读者群之一。青年读者群中,以女性读者较多;而老年读者群中,以男性读者占多数。

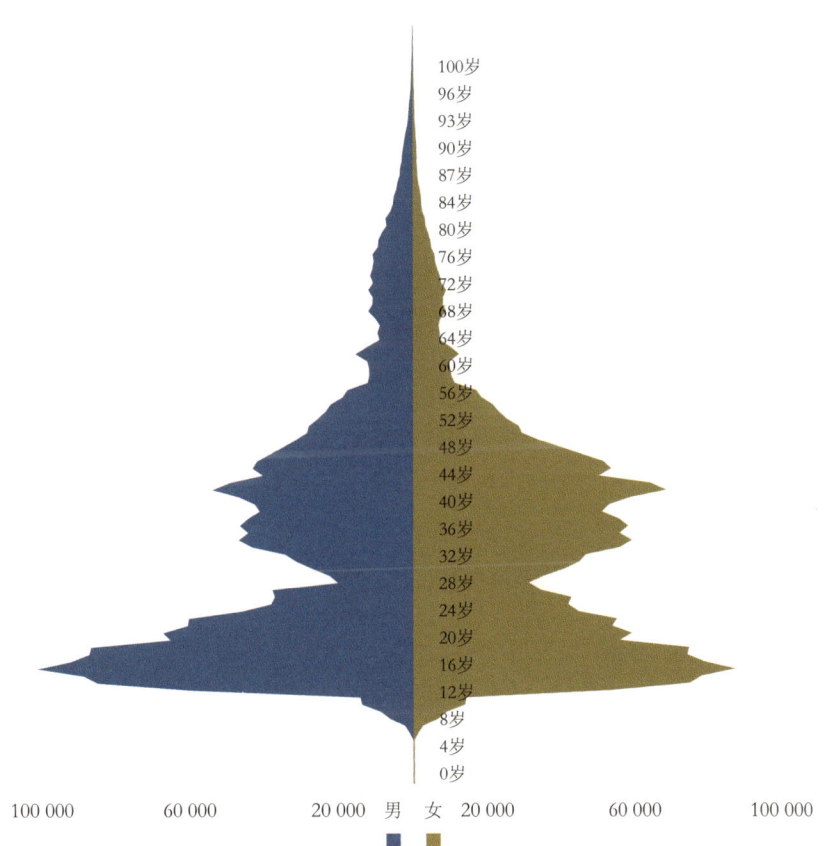

图4.2　2017年上海市公共图书馆"一卡通"读者性别年龄分布

二 | 书刊流通

包括借书量与还书量在内的全市书刊流通量经过多年的稳步增长,目前稳定在每年7 000万册/次左右,显示了广大读者对于图书馆服务的认可,也显示了公共图书馆服务体系建设发挥出来的同城积极效应。

(一)流通概况

自2010年,区分统计成人流通量与少儿流通量起,少儿流通量持续不断增长。2017年,包括汽车图书馆、自助图书馆、街区自助设备等各种延伸服务在内的图书总流通量中,成人流通量排名前五的是浦东新区图书馆、上海图书馆、嘉定区图书馆、闵行区图书馆、虹口区图书馆(见表4.4);少儿流通量排名前五位的是浦东新区图书馆、上海少年儿童图书馆、闵行区图书馆、松江区图书馆和嘉定区图书馆(见表4.5)。

从区域划分上来看,2017年近郊图书馆的馆均流通量无论是成人还是少儿皆高于市区馆和远郊馆,市区馆的平均成人流通量高于远郊馆,远郊馆的平均少儿流通量高于市区馆(见图4.3)。2017年,流通量前三的区域为浦东新区、嘉定区、闵行区,人均外借册次排名前三的区域依次为嘉定区、长宁区、金山区(见表4.6)。

浦东图书馆普通文献借阅区

表4.4 2017年上海市公共图书馆成人流通量

单位名称	借还量（册次）	借还人数（人次）
上海市合计	48 542 964	12 770 995
市级图书馆合计	4 281 710	1 256 864
上海图书馆（上海科学技术情报研究所）	4 281 710	1 256 864
上海少年儿童图书馆	—	—
区级图书馆合计	19 895 379	6 327 057
上海市黄浦区图书馆	457 493	111 877
上海市黄浦区明复图书馆	218 111	66 664
上海市徐汇区图书馆	739 385	210 638
上海市长宁区图书馆	787 936	210 880
上海市长宁区少年儿童图书馆	—	—
上海市静安区图书馆	1 044 404	313 107
上海市静安区闸北少年儿童图书馆	25 067	7 032
上海市普陀区图书馆	941 604	233 471
上海市普陀区少年儿童图书馆	—	—
上海市虹口区图书馆	1 680 121	483 987
上海市杨浦区图书馆	674 194	155 254
上海市闵行区图书馆	1 693 084	444 385
上海市宝山区图书馆	881 792	237 462
上海市嘉定区图书馆	1 719 632	518 347
上海市浦东新区图书馆	5 373 646	2 408 368
上海市浦东新区陆家嘴图书馆	425 736	124 894
上海市浦东新区新川沙图书馆	330 623	101 795
上海市金山区图书馆	647 756	172 883
上海市松江区图书馆	682 210	181 659
上海市青浦区图书馆	352 032	99 814
上海市奉贤区图书馆	787 241	148 286
上海市崇明区图书馆	433 312	96 254
街道（乡镇）级图书馆合计	24 365 875	5 187 074

资料来源：上海市图书馆行业协会。

表4.5 2017年上海市公共图书馆少儿流通量

单位名称	借还量（册次）	借还人数（人次）
上海市合计	23 269 698	5 363 637
市级图书馆合计	2 558 064	508 649
上海图书馆（上海科学技术情报研究所）	341 643	85 381
上海少年儿童图书馆	2 216 421	423 268
区级图书馆合计	13 380 396	2 521 999
上海市黄浦区图书馆	127 410	26 922
上海市黄浦区明复图书馆	—	—
上海市徐汇区图书馆	195 421	35 193
上海市长宁区图书馆	586 255	113 963
上海市长宁区少年儿童图书馆	575 057	272 250
上海市静安区图书馆	625 710	120 326
上海市静安区闸北少年儿童图书馆	76 217	12 988
上海市普陀区图书馆	709 022	132 240
上海市普陀区少年儿童图书馆	298 475	51 559
上海市虹口区图书馆	455 714	87 110
上海市杨浦区图书馆	452 409	93 536
上海市闵行区图书馆	1 316 509	224 715
上海市宝山区图书馆	802 723	135 279
上海市嘉定区图书馆	827 313	148 264
上海市浦东新区图书馆	3 258 386	520 570
上海市浦东新区陆家嘴图书馆	30 216	10 831
上海市浦东新区新川沙图书馆	533 735	92 734
上海市金山区图书馆	376 352	74 820
上海市松江区图书馆	968 780	163 608
上海市青浦区图书馆	494 001	89 707
上海市奉贤区图书馆	405 526	72 333
上海市崇明区图书馆	265 165	43 051
街道（乡镇）级图书馆合计	7 331 238	2 332 989

资料来源：上海市图书馆行业协会。

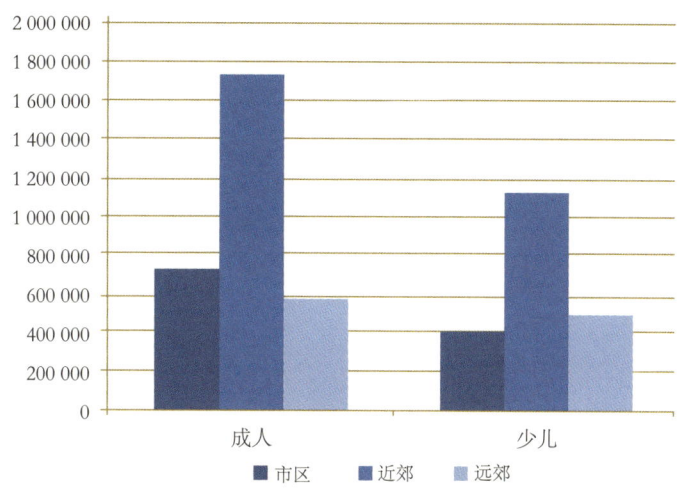

图4.3　2017年上海市各区域公共图书馆流通量（借还册次）

表4.6　2017年上海市各区人均外借量

区域①	外借量（册次）	常住人口（万人）	人均外借量（册次）②
黄浦区	758 506	65.62	1.16
徐汇区	1 427 243	108.56	1.31
长宁区	1 784 726	68.87	2.59
静安区	1 528 152	106.78	1.43
普陀区	1 715 108	128.23	1.34
虹口区	1 251 430	80.5	1.55
杨浦区	2 269 252	130.94	1.73
闵行区	2 596 345	253.98	1.02
宝山区	1 617 108	203.05	0.80
嘉定区	5 274 268	157.96	3.34
浦东新区	6 612 245	550.1	1.20
金山区	2 050 367	80.51	2.55
松江区	1 088 062	176.48	0.62
青浦区	1 123 612	121.49	0.92
奉贤区	862 492	116.74	0.74
崇明区	527 533	69.89	0.75

数据说明：① 各区外借量为区级、街道（乡镇）级图书馆外借量合计值，不包括区内市级图书馆。
② 区人均外借量 = 该区区级馆、街道（乡镇）馆外借量之和 / 常住人口数。
资料来源：上海市图书馆行业协会、上海市统计局《2017上海统计年鉴》。

（二）"一卡通"流通

2014年，"一卡通"外借最大册数进行了"6+4"扩容之后，该年的流通量同比增长明显，之后成人流通量的增长趋于平稳，而少儿流通量在近5年间一直呈增长趋势，且增速大于成人流通量。

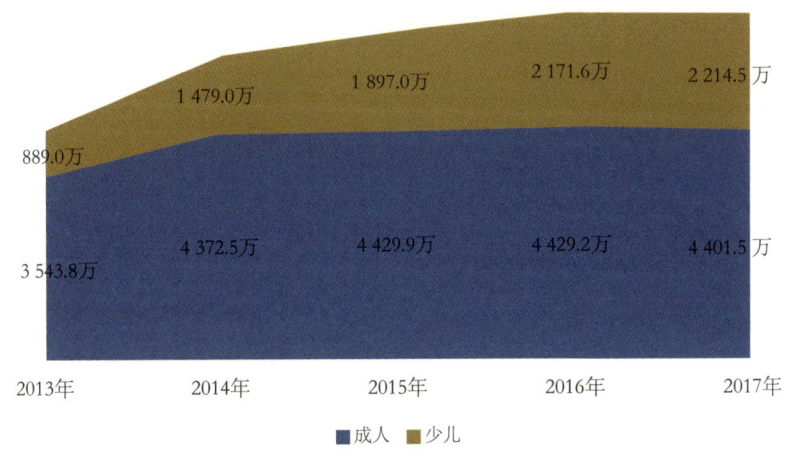

图4.4　2013~2017年"一卡通"流通量（借还册次）

通过上海市中心图书馆知识管理与服务系统中已有的读者年龄、区域、图书大类等细分统计项目，对"一卡通"流通量进行详细分析。

1. 成人流通

2017年"一卡通"成人外借图书中，最受欢迎的作者是东野圭吾，其他热门作者还有金庸、鲁迅、莫言、贾平凹等。

图4.5　2017年"一卡通"成人外借热门作者

成人读者中,青年读者的外借量普遍高于中老年读者。文学、历史地理旅游、医药卫生类图书受到了各年龄层读者的普遍欢迎。青年人阅读经济、语言文学类图书的比例远高于中老年读者,老年读者阅读红色经典读物、人物传记图书的比例高于中青年读者。成人读者借阅最多的书籍类型为长篇小说,另外散文集、儿童文学、旅游指南、言情小说等类型的书籍借阅量也稳居前列。

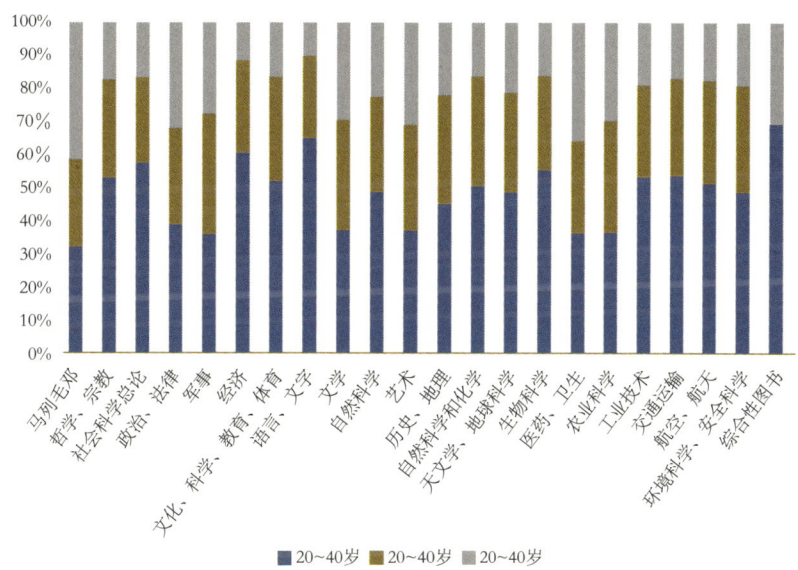

图4.6　2017年"一卡通"成人外借大类与读者年龄段分布

2. 少儿流通

2017年"一卡通"少儿外借图书的热门作者有杨红樱、郑渊洁、曹文轩等。

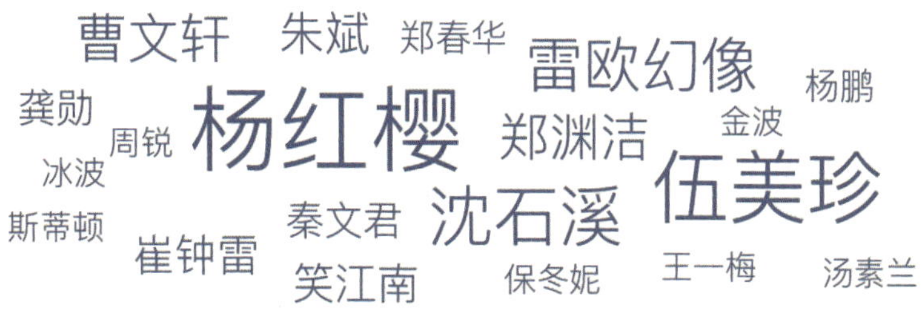

图4.7　2017年"一卡通"少儿外借热门作者

少儿读者中，小学学龄段的外借量远大于初高中学龄段。高中生阅读经济、工业技术等分类图书的比例较高；小学生在学科门类上涉猎更广，百科全书型的图书借阅量较大；学龄前儿童阅读文化、科学、教育、体育类图书的比例较高。少儿读者借阅最多的书籍类型为儿童文学，与童话、拼音读物、漫画、科学知识等类型的书籍在少儿读者的借阅量中排名占据前五位。

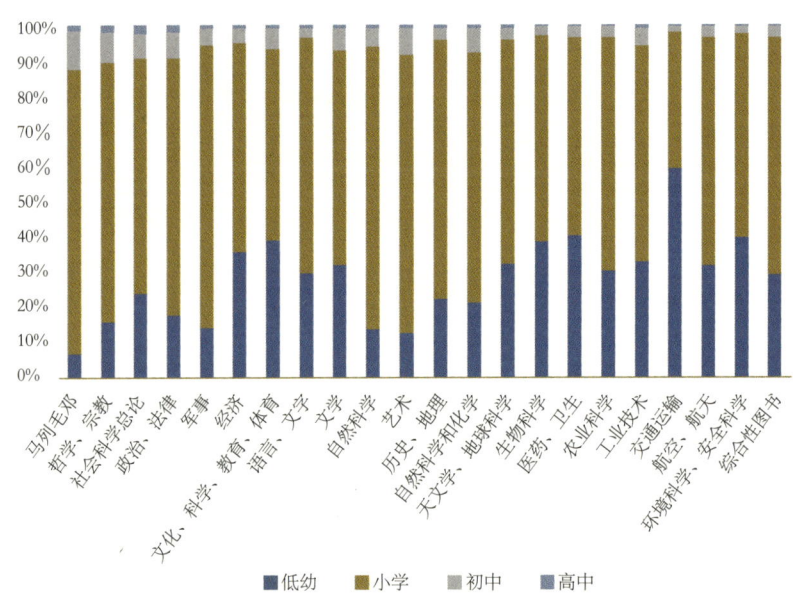

图4.8　2017年"一卡通"少儿外借大类与读者年龄段分布

（三）延伸服务

上海市公共图书馆延伸服务点个数超过3 000个，把图书馆服务延伸到居（村）、社区、部队、学校、企业、农家书屋等。2017年，各类延伸服务点总服务人次将近600万，总服务册次约超过1 000万。街道（乡镇）图书馆的延伸服务点个数高于市区两级图书馆。

表4.7　上海市公共图书馆延伸服务情况

单位名称	服务人次	服务册次
上海市合计	5 883 694	10 501 948
市级图书馆合计	22 215	52 555
上海图书馆（上海科学技术情报研究所）	22 215	52 555
上海少年儿童图书馆	—	—
区级图书馆合计	3 722 866	3 510 217
上海市黄浦区图书馆	6 343	25 372
上海市黄浦区明复图书馆	7 791	7 766
上海市徐汇区图书馆	11 860	24 308
上海市长宁区图书馆	48 180	9 636
上海市长宁区少年儿童图书馆	—	9 188
上海市静安区图书馆	32 341	79 573
上海市静安区闸北少年儿童图书馆	1 105	10 036
上海市普陀区图书馆	298 967	102 207
上海市普陀区少年儿童图书馆	13 408	69 990
上海市虹口区图书馆	6 117	21 416
上海市杨浦区图书馆	13 035	20 362
上海市闵行区图书馆	133 820	601 918
上海市宝山区图书馆	5 430	21 500
上海市嘉定区图书馆	177 227	434 986
上海市浦东新区图书馆	2 787 512	1 278 548
上海市浦东新区陆家嘴图书馆	6 630	14 858
上海市浦东新区新川沙图书馆	36 570	78 609
上海市金山区图书馆	4 035	4 106
上海市松江区图书馆	118 102	461 024
上海市青浦区图书馆	5 485	4 754
上海市奉贤区图书馆	1 266	219 306
上海市崇明区图书馆	7 642	10 754
街道（乡镇）级图书馆合计	2 138 613	6 939 176

资料来源：上海市图书馆行业协会。

三 | 数字服务

（一）网站访问

市、区两级公共图书馆进行数字服务基础设施建设，普遍建立了官方网站提供线上服务。加入Portal技术、统一身份认证等技术建立起来的图书馆官方网站，是向读者提供全方位数字服务的平台和窗口。在这个平台上，读者可以方便地获取图书馆的各种应用和服务，如iPac（internet public access catalog，互联网公共目录检索系统）及扩展服务、知识导航、数字资源检索服务、参考咨询服务、多媒体欣赏服务。2017年，市、区两级公共图书馆网站年访问量总计将近5 000万次（见表4.8）。

（二）电子图书借阅

公共图书馆正在经历从纸质走向数字与纸质服务并重的转型实践。各家图书馆充分利用技术手段支持图书馆服务创新，优化基础网络建设，提升数字访问体验，在三网合一、三屏合一的发展背景下，构建适合桌面电脑、移动平板、智能手机三种终端设备浏览的网络服务平台；通过构建跨网站、微信、微博等平台的图书馆信息框架，提供给读者个性化互动信息服务。各馆在数字资源服务形式、推广手段上均有创新，一方面，在保证印刷型文献推送数量的同时，不断加大数字资源的推送力度，利用微信平台便捷、开放的优势，开展多种形式的线上阅读推广活动，激发读者阅读兴趣；另一方面，通过举办形式多种多样、内容丰富有趣的数字资源推广活动，积极培养读者的数字阅读能力。一些图书馆还建设了数字阅读体验中心，通过耳机听书、机器人、VR（虚拟现实）体验、AR（增强现实）体验、沉浸式阅读体验空间等新技术、新手段，引领读者感受未来的阅读天堂（见表4.9）。

表4.8 2017年上海市、区两级公共图书馆网站年访问量（次）

单位名称	网站访问地址	2017年访问量（次）
市级图书馆合计		26 376 195
上海图书馆（上海科学技术情报研究所）	www.library.sh.cn	25 134 927
上海少年儿童图书馆	www.sst.cn	1 241 268
区级图书馆合计		22 771 334
上海市黄浦区图书馆	www.shhpl.com	81 031
上海市黄浦区明复图书馆	www.mflib.net	3 163 220
上海市徐汇区图书馆	www.xhlib.net	91 649
上海市长宁区图书馆	www.cnqlib.sh.cn	45 423
上海市长宁区少年儿童图书馆	www.seszlib.com	1 964 894
上海市静安区图书馆	www.shjinganlib.net	59 585
上海市静安区闸北少年儿童图书馆	www.jastlib.net	103 522
上海市普陀区图书馆	ptlib.com.cn	98 535
上海市普陀区少年儿童图书馆	www.shpst.com	136 710
上海市虹口区图书馆	www.hqlib.cn	188 088
上海市杨浦区图书馆	www.yplib.org.cn	1 372 864
上海市闵行区图书馆	www.mhlib.sh.cn	3 007 233
上海市宝山区图书馆	www.bslib.org	782 679
上海市嘉定区图书馆	www.jdlib.cn	6 100 000
上海市浦东新区图书馆	www.pdlib.com	817 438
上海市浦东新区陆家嘴图书馆	www.ljzlib.com	29 000
上海市浦东新区新川沙图书馆	www.xcslib.com	228 626
上海市金山区图书馆	www.jslib.sh.cn	340 015
上海市松江区图书馆	www.sjlib.com.cn	3 965 675
上海市青浦区图书馆	www.qplib.sh.cn	36 589
上海市奉贤区图书馆	www.fxlib.cn	110 000
上海市崇明区图书馆	www.cmlib.com.cn	48 558

资料来源：上海市图书馆行业协会。

表4.9 2017年上海市公共图书馆区级馆数字阅读情况（次）

单位名称	电子图书借阅量	电子报刊借阅量
上海市黄浦区图书馆	31 095	75 523
上海市黄浦区明复图书馆	56 930	1 650
上海市徐汇区图书馆	13 957	53 993
上海市长宁区图书馆	198 926	26 411
上海市长宁区少年儿童图书馆	—	—
上海市静安区图书馆	619 333	—
上海市静安区闸北少年儿童图书馆	1 950	103 522
上海市普陀区图书馆	464 487	136 710
上海市普陀区少年儿童图书馆	—	—
上海市虹口区图书馆	335 241	77 259
上海市杨浦区图书馆	934 032	191 009
上海市闵行区图书馆	84 553	163 198
上海市宝山区图书馆	201 145	32 540
上海市嘉定区图书馆	820 911	159 254 543[①]
上海市浦东新区图书馆	1 422 590	229 623
上海市浦东新区陆家嘴图书馆	72 500	10 646
上海市浦东新区新川沙图书馆	77 933	162 780
上海市金山区图书馆	26 172	—
上海市松江区图书馆	34 063	33 106
上海市青浦区图书馆	172 548	33 659
上海市奉贤区图书馆	—	13 151
上海市崇明区图书馆	19 141	90 866

数据说明：① 嘉定区图书馆的电子报刊借阅量包括嘉定文化云平台上的浏览次数。

资料来源：上海市图书馆行业协会。

（三）新媒体服务

1. 微博

随着社会科技的发展，新媒体技术层出不穷，图书馆对于新媒体技术的应用，一方面顺应技术发展的潮流，借助新兴技术拓展图书馆传统服务；另一方面也是最为重要的一点，是顺应用户需求的变化，"读者在哪里，我们的服务就到哪里"，秉承以需求为导向的服务理念，自2010年始，公共图书馆陆续开通微博平台服务。

上海地区公共图书馆最早试水微博服务的是上海图书馆，开博时间为2010年7月，其他公共图书馆开通微博服务大多集中在2011~2013年。开通微博服务的公共图书馆大多做了加V认证，将这个新媒体平台作为官方发布消息和服务的重要途径，加强图书馆服务的宣传和推广。部分图书馆即使没有开通微博平台服务，在2013~2014年期间，也开通了微信服务。

2012~2013年是微博快速发展时期。凡是在这两年内，通过精心挑选适合微博平台发布的内容，馆员及时在这个平台上与读者互动、精心策划各类互动活动等，投入人力精力去经营这个平台的图书馆，都抓住了这个粉丝增长的红利期，完成了微博平台粉丝快速增长的过程，因此有上万甚至十几万的粉丝数。

从2017年各馆发布的微博数量来看，目前有微博账号的图书馆基本都会不断更新微博内容，但年更新数量不均。上海图书馆目前由专人负责微博栏目内容，日均更新3条，年更新1 383条内容。其他有些馆日均更新1~2条，有些偶尔有更新。就内容来说，各家公共图书馆目前在微博平台原创内容主要发布：读者活动预告、服务资讯、书摘、新书（好书）推荐等；还有部分馆会转发知识性、趣味性的内容（见表4.10）。

从2014年开始，微博平台的活跃度明显较2012~2013年高速发展期下降很多，但因其发布方便、传播影响力大、及时快捷、发布方式灵活等特性，仍是公共图书馆服务宣传、资源宣传、阅读推广活动的重要宣传渠道。

表4.10 上海市市、区两级公共图书馆微博服务情况

单位名称	微博服务名称	是否加V认证	开博时间	微博粉丝数①（人）	2017年信息发布量（条）	更新情况	发布内容
上海图书馆（上海科学技术情报研究所）	上海图书馆信使	是	2010.7	163 608	1 383	持续更新	书摘、服务预告、资讯、新书推荐
上海少年儿童图书馆	上海少年儿童图书馆	是	2012.5	8 443	32	偶尔更新	读者活动预告、资讯、好书推荐
上海市黄浦区图书馆	黄浦区图书馆	是	2017.3	30	258	持续更新	读者活动预告、资讯
上海市黄浦区明复图书馆	黄浦区明复图书馆	是	2012.5	1 216	195	持续更新	读者活动预告、新书推荐
上海市徐汇区图书馆	徐汇区图书馆	是	2011.4	2 549	311	持续更新	读者活动预告、好书推荐
上海市长宁区图书馆	长宁区图书馆	是	2012.6	4 036	490	持续更新	读者活动预告、转载
上海市长宁区少年儿童图书馆	长宁区少年儿童图书馆	是	2011.6	952	87	持续更新	资讯
上海市静安区图书馆	无						
上海市静安区闸北少年儿童图书馆	静安区闸北少年儿童图书馆	否	2013.6	111	133	持续更新	转发
上海市普陀区图书馆	上海市普陀区图书馆	是	2017.5	24	76	持续更新	读者活动预告、展览预告
上海市普陀区少年儿童图书馆	无						
上海市虹口区图书馆	上海市虹口区图书馆	是	2011.6	4 043	195	持续更新	读者活动预告
上海市杨浦区图书馆	杨浦区图书馆	是	2012.2	2 576	66	持续更新	读者活动预告、好书推荐

(续表)

单位名称	微博服务名称	是否加V认证	开博时间	微博粉丝数[①]（人）	2017年信息发布量（条）	更新情况	发布内容
上海市闵行区图书馆	闵行区图书馆	是	2011.3	13 101	542	持续更新	读者活动预告、书摘、资讯
上海市宝山区图书馆	无						
上海市嘉定区图书馆	嘉定区图书馆	是	2011.8	54 440	751	持续更新	读者活动预告、新书推荐
上海市浦东新区图书馆	浦东图书馆读者服务	是	2011.9	51 793	390	持续更新	读者活动预告、公告
上海市浦东新区图书馆	浦东图书馆少儿馆	是	2012.3	84 787		持续更新	少儿活动简讯、好书推荐、转发知识类内容
上海市浦东新区陆家嘴图书馆	陆家嘴图书馆	是	2011.5	2 311	133	持续更新	资讯、转发
上海市浦东新区新川沙图书馆	浦东新区新川沙图书馆	是	2013.4	427	8	偶尔更新	读者活动预告、资讯
上海市金山区图书馆	上海市金山区图书馆	是	2016.7	11	9	持续更新	读者活动预告、资讯
上海市松江区图书馆	上海市松江区图书馆	是	2014.8	153	166	停止更新	
上海市青浦区图书馆	清阅朴读	是	2011.6	13 650	154	持续更新	读者活动预告、书摘、资讯
上海市奉贤区图书馆	无						
上海市崇明区图书馆	上海市崇明区图书馆	是	2012.5	341	76	持续更新	读者活动预告、活动视频

数据说明：① 微博粉丝数大部分为截止到2017年底的数据。

资料来源：上海市图书馆行业协会及新浪微博。

2. 微信

市、区两级公共图书馆都开通了微信公众号服务。其中各馆微信公众号订阅号居多（订阅号注重内容的推送，每天能有1次群发，每次推送在微信"订阅号"文件夹里呈现），服务号较少（服务号以服务功能为主，每月只能群发4次，每次推送都是强推送，群发推送内容直接在用户微信通讯录里呈现）。也有部分馆为满足服务的需求，既开了服务号又开了订阅号，如上海图书馆，有注重服务功能的"上海图书馆"服务号，又有注重图书馆服务宣传、阅读推广内容的"上海图书馆信使"订阅号，还有垂直做讲座服务内容呈现的订阅号"讲座图书馆"。

各馆微信公众号的粉丝数量差异较大，粉丝数量较大的馆有20多万粉丝，微信粉丝数较少的在几千到几万不等（见图4.9）。微信公众号粉丝数量取决于几个因素：一是好的服务功能。好的服务功能是提升用户黏度的最主要因素。二是推文内容是否有吸引力。各馆推文内容主要集中在图书馆资讯、读者活动、阅读推广等，大部分馆是以原创推文为主，也有部分馆转发其他微信公众号的好文。粉丝量较大的图书馆，推文内容做得较为活泼，符合新媒体阅读人群的阅读习惯。三是微信公众号的营销。凡是营销做得好的图书馆会想方设法让自己微信公众号的二维码呈现在读者面前，吸引读者关注。

微信在目前来说还是各馆主要运营的新媒体主阵地，有一些公共图书馆错过了微博红利期，就直接选择了开通微信服务（见表4.11）。

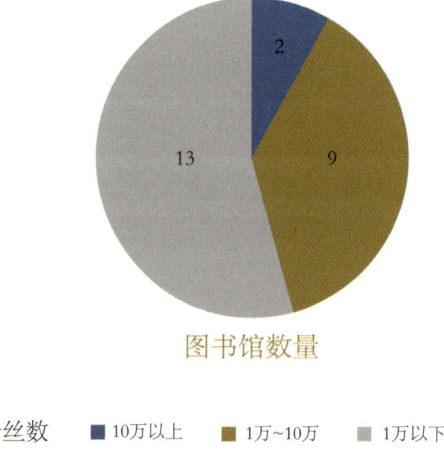

图4.9 2017年上海市、区两级公共图书馆微信粉丝数

3. 移动图书馆

微信、微博之外，多家图书馆通过移动版网站，或与超星移动图书馆、中文在线等资源厂商合作的方式进行移动设备上的数字阅读服务。部分图书馆结合自身资源特色，研发了自己的移动应用，以下为部分图书馆移动应用简介。

- 上海图书馆（上海科学技术情报研究所）

自2005年起，上海图书馆就以短信起步推出移动服务，之后通过电子书阅读器、手机二维码、手机网站以及手机阅读等多种方式为用户提供服务。随着智能手机移动客户端的发展，上海图书馆针对不同类型的服务发布了一系列移动应用，"上海图书馆"iOS（苹果公司的移动操作系统）/Android（基于Linux平台的开源手机操作系统）移动客户端应用，提供包括书目检索、读者服务、公共信息服务、社交媒体分享等多种类型的服务。"市民数字阅读"iPad/iPhone/Android移动客户端应用提供了电子图书及期刊的在线阅读及下载服务。"上海市中心图书馆活动查询"iOS/Android移动客户端应用提供上海市中心图书馆的讲座、展览等各类公众活动的信息。"海上风华"系列应用包括了城市足迹、老上海滑稽戏、老上海文化地标展、民国时期海上女作家作品展、西洋音乐、左联80周年展、上海年华等共计7个iPad移动应用。

- 徐汇区图书馆

2015年初，徐汇区图书馆"徐汇风貌"主题APP（计算机应用程序）的iOS版本正式上线。该APP是以搜集徐汇历史风貌资料为主的主题APP，涉及徐汇相关历史、建筑、人物等领域。通过徐汇历史风貌主题APP，可以浏览到徐汇区域内孔家花园、中唱小红楼等老房子的相关照片与简介，以及徐光启、巴金、张爱玲等与徐汇区有着深刻历史渊源的文人名士的相关资料简介。本数据库还提供了海派剪纸艺术、龙华庙会、海派黄杨木雕等徐汇区非物质文化遗产的相关视频资料。

- 静安区图书馆

静安区图书馆移动APP除了与超星合作的数字阅读之外，还提供个人借阅查询、馆藏查阅、图书馆最新资讯浏览等功能。

表4.11　2017年上海市、区两级公共图书馆微信服务情况

馆 名	微信公众平台名称	信息发布量（条）	公众号类型	发布内容
上海图书馆（上海科学技术情报研究所）	上海图书馆	737	服务号	图书馆资讯、阅读推广、读者活动预告
	上海图书馆信使		订阅号	阅读推广、读者活动回顾、图书馆服务宣传
	讲座图书馆等		订阅号	上图讲座预告、上图讲座音频
上海少年儿童图书馆	上海少年儿童图书馆	40	服务号	图书馆资讯、阅读推广、读者活动预告
上海市黄浦区图书馆	上海市黄浦区图书馆	322	订阅号	图书馆资讯、读者活动
上海市黄浦区明复图书馆	上海市黄浦区明复图书馆	147	订阅号	图书馆资讯、读者活动、阅读推广
上海市徐汇区图书馆	上海市徐汇区图书馆	453	订阅号	图书馆资讯、读者活动、阅读推广
上海市长宁区图书馆	长宁区图书馆	746	订阅号	图书馆资讯、读者活动
上海市长宁区少年儿童图书馆	上海市长宁区少年儿童图书馆	279	订阅号	图书馆资讯、读者活动
上海市静安区图书馆	静安区图书馆；静安文化；上海市闸北区图书馆	678	订阅号	图书馆资讯、读者活动、阅读推广
上海市静安区闸北少年儿童图书馆	静安区图书馆	41	订阅号	图书馆资讯、读者活动、阅读推广
上海市普陀区图书馆	上海市普陀区图书馆，普图讲座	452	订阅号	图书馆资讯、读者活动、阅读推广
上海市普陀区少年儿童图书馆	上海市普陀区少年儿童图书馆	15	订阅号	图书馆资讯、读者活动

(续表)

馆 名	微信公众平台名称	信息发布量（条）	公众号类型	发布内容
上海市虹口区图书馆	上海市虹口区图书馆	292	订阅号	图书馆资讯、读者活动、阅读推广
上海市杨浦区图书馆	上海市杨浦区图书馆	369	订阅号	图书馆资讯、读者活动、阅读推广
上海市闵行区图书馆	闵行区图书馆	353	订阅号	图书馆资讯、读者活动、阅读推广
上海市宝山区图书馆	上海市宝山区图书馆	240	服务号	图书馆资讯、读者活动
上海市嘉定区图书馆	上海市嘉定区图书馆	543	订阅号	图书馆资讯、读者活动、阅读推广
上海市浦东新区图书馆	浦东图书馆	1031	订阅号	好文转发、图书馆资讯、读者活动、阅读推广
上海市浦东新区陆家嘴图书馆	上海市浦东新区陆家嘴图书馆	170	服务号	图书馆资讯、阅读推广
上海市浦东新区新川沙图书馆	新川沙图书馆	179	订阅号	图书馆资讯、读者活动、阅读推广
上海市金山区图书馆	上海市金山区图书馆	111	订阅号	图书馆资讯、读者活动
上海市松江区图书馆	上海市松江区图书馆	472	订阅号	图书馆资讯、读者活动、阅读推广
上海市青浦区图书馆	清阅朴读	156	订阅号	图书馆资讯、读者活动、阅读推广
上海市奉贤区图书馆	上海市奉贤区图书馆	330	订阅号	图书馆资讯、读者活动、阅读推广
上海市崇明区图书馆	上海市崇明区图书馆	78	订阅号	图书馆资讯、读者活动、阅读推广

资料来源：上海市图书馆行业协会及微信。

- 闵行区图书馆

2013年初,第一批进入手机图书馆试点工作,向读者提供书目检索、续借、续卡、查询、到期提醒、电子书借阅及本馆个性化服务功能,积极探索移动互联时代图书馆服务手段、服务功能、服务模式方面的创新,提供无所不在、无时不在的图书馆服务。

- 宝山区图书馆

通过与企业合作,共同研发推出宝图APP。通过宝图APP,读者可自助完成馆内文献资料的查询和借阅、数字资源的搜索和下载、活动预约、研修室预订等服务,具有NFC(near field communication,近距离无线通信技术)功能的手机还能进行移动借书。

- 嘉定区图书馆

嘉定图书馆为方便读者对嘉定移动图书馆(嘉定数字阅读)的安装及使用,特别针对现在手机市场的主流iOS系统和安卓系统提供了两款平台对应的APP下载。

- 浦东新区图书馆

浦东数字图书馆提供网页版、iOS系统和安卓系统等三个不同版本,集合了图书、期刊、报纸等各类数据,提供丰富的线上阅读资源,让读者随时随地享受浦东图书馆的远程数字服务。

4. 其他类似服务

图书馆始终关注新媒体、新技术的发展,读者在哪里,就去哪里服务。在WEB2.0时代,各图书馆在社交媒体,如豆瓣上建立小组,成为与读者交流的平台;建立QQ阅读群,拉近与读者的距离。随着互联网技术的发展,O2O(Online to Offline,线上到线下)模式的出现,也促成了一些图书馆在新媒体上的新的创新尝试。

- 徐汇区图书馆

为适应"互联网+"时代发展,进一步方便读者畅享自由借阅与文化资源信息共享,2015年起徐汇区图书馆启动的"约书吧"服务,通过设在区域内的企业、楼宇、园区、咖啡馆等延伸服务点的数字阅读机,根据读者需求就近就便配送纸质图书及数字阅读服务,实现线上预约、线下取书,改变了图书馆传统的服务模式,突破了在规定时间、地点完成图书借阅服务的限制,也积极延伸和拓展了图书馆公共文化服务范围。

- 长宁区图书馆

为进一步丰富市民的阅读体验，满足市民移动阅读的需求，促进文化共建、知识共享，长宁区图书馆2016年起全面构建服务全区的移动阅读生态系统，陆续在天山金虹桥、华阳金庭88、新华幸福里、虹桥东银中心等公共空间放置电子书借阅机。

- 杨浦区图书馆

通过"书界"O2O网借信用平台项目，作为"互联网+图书馆"的创新结合，将线上推广和线下体验相融合，打破空间和时间限制，为读者提供便捷、高效、多元化的智慧阅读体验，扩大阅读人群，使图书馆的公共资源得到更有效地利用。同时，依托第三方物流系统，为读者提供图书快递服务，让读者足不出户体验到"线上预订，线下取书"的便捷。

- 浦东新区陆家嘴图书馆

开发的O2O网借项目"易悦读"于2017年4月23日世界读书日开始在该馆微信公众号上线试运行；6月，通过与支付宝合作，对芝麻信用分超过600分的"高分人士"，通过支付宝平台也可实现"线上一键借书，线下投递到家"。

- 嘉定区图书馆

"文化嘉定云"是嘉定区创建国家公共文化服务体系示范区的重点项目之一，其以移动通信技术和网络信息技术支撑，将全区公共文化资源和服务信息聚合于云共享平台之上，为市民提供一站式的公共数字文化服务。嘉定区图书馆精心打造"文化嘉定云"网上书房板块，市民只需绑定嘉定地区办理的"一卡通"读者证，即可通过互联网轻松查阅万方数据、中国知网、维普考试等14个数字资源库。

- 青浦区图书馆

青浦图书馆通过"喜马拉雅"平台分享青浦图书馆读者及馆员的音频故事，包括"寻找最美声音，我为好书代言"青浦区亲子朗读大征集活动及"2016全城微朗读大赛"两个大型比赛中征集的音频故事，为大家提供一个亲子朗读学习、交流的平台。

四 | 参考咨询

（一）普通参考咨询

参考咨询是图书馆的核心业务，是图书馆员在读者利用文献信息、寻求知识和情报时，为其提供帮助的活动。通过协助检索、解答咨询和专题文献报道等方式向读者提供事实、数据和文献等信息线索。传统参考咨询为到馆读者或电话咨询读者提供一对一的、语言直接交流的咨询服务，其基本工作内容是帮助读者查找文献资源、宣传图书馆馆藏、培训读者信息检索的基本技能；同时通过举办各类阅读推广活动、开展讲座活动或者撰写书评等方式，为读者推荐文献资源、提高读者的信息素养。[①]

上海图书馆为迎合用户需求的改变，在不同平台为读者提供参考咨询服务，于2001年推出了基于PC（个人电脑）平台参考咨询服务的网上联合知识导航站；于2010年开通了基于微博平台参考咨询服务的上海图书馆信使微博；2013年12月在微信服务号推出了微信端参考咨询服务。2014~2017年三个平台的咨询数量每年都有所上升，其中微信端的增长速度最快，2017年的微信咨询数量是2014年微信咨询量的27.8倍。近几年，上海图书馆参考咨询发展趋势也是移动端使用量远超于PC端，2017年微信端参考咨询量是2017年网上联合知识导航站咨询量的23倍。

除上海图书馆外，各区公共图书馆均有开展参考咨询服务。部分区级图书馆也参与了"网上联合知识导航站"联合数字参考咨询平台，最大限度地实现图书馆文献咨询和专家资源的共享。同时，随着网

---

① 金红亚.图书馆与微服务［M］.上海：上海科学技术出版社，2015。

络化环境发展,数字参考咨询作为新型参考咨询服务方式,通过网络留言、Email(电子邮件)、QQ、微博、微信等各种渠道服务读者。线上线下的多平台服务,满足读者的个性化需求,体现了公共图书馆的服务功能及服务水平。

表4.12 上海图书馆普通参考咨询数量(次)

服务平台	2014年	2015年	2016年	2017年
网上联合知识导航站	3 966	4 611	5 757	6 960
微博①	4 086	457	519	538
微信	5 610	43 863	95 177	161 773

数据说明:① 微博2014年11月私信统计数据发生变化,只能统计到11月咨询读者人数,无法统计咨询次数。

资料来源:上海图书馆(上海科学技术情报研究所)。

(二)专题咨询与情报分析服务

对于信息需求更专业的用户,图书馆还提供科技查新服务、专题咨询服务、情报分析服务、智库服务、大数据分析服务等信息服务。

以中小企业服务为例,上海图书馆2013年开放的"创·新空间",立足服务双创和产业图书馆,开展有针对性的专题咨询和情报服务,努力打造互联网环境中的创新创业服务平台和上海科技创新信息基地。浦东新区图书馆积极服务于浦东的产业与经济发展,结合地区特点为重点区域及中小企业用户提供专题信息咨询与情报服务。其他图书馆也根据用户需求,为区内企事业单位提供各类专题咨询服务。

部分图书馆尝试了少儿阅读辅导服务。徐汇区图书馆充分利用馆藏资源,为区内中小学提供阅读辅导专题咨询服务;先后走进光启小学、启新小学,结合学生的心理特点和阅读兴趣,发放"悦读护照",并赠送"2016年度徐汇区图书馆少儿阅读推荐书目",开展阅读专题辅导,深受师生欢迎。青浦区图书馆开展了"公共图书馆阅读推广馆校合作策略研究"的课题研究,为青浦区实验小学(东部)提供核心素养推荐书单。

基于图书馆流通服务平台海量的数据资源,上海图书馆、宝山区图书馆、闵行区图书馆等分别挖掘各自的数据,提供基于大数据分析

上海少年儿童图书馆

的服务。以上海图书馆为例，以图书流通数据为主要采集对象，以读者与图书馆借阅和互动的数据为基础，通过数据分析对读者的阅读足迹进行信息挖掘、聚合，形成的阅读账单项目受到了读者的广泛欢迎。上海少年儿童图书馆以2013~2016年上海市少年儿童的阅读情况为课题，通过"中心图书馆"少儿"一卡通"系统及中文在线少儿大数据平台大量采集数据，并在阅读阵地配合发放千余份问卷调查，最终形成《上海市少年儿童阅读报告》，基本呈现了0~16岁上海少儿的阅读习惯、阅读规律和阅读发展趋势。

五 | 读者活动

（一）讲座

近年来，各家公共图书馆大力开展全民阅读活动，探索图书馆服务转型，探索线上线下服务的形态、渠道和方法，精心组织阅读推广和文化活动，为广大读者提供优质公益服务。讲座是各家公共图书馆都会举办的读者活动之一。近年来，上海市公共图书馆举办的讲座数量稳中有升，讲座参与人数有较大增长（见表4.13），随着公共图书馆讲座内容的精彩呈现，读者越来越愿意走进图书馆聆听讲座、促进自我修养。

各馆结合馆藏特色，致力于打造讲座品牌。"上图讲座"已经有40年历史，努力为广大市民和求知者提供获取知识与信息的渠道，搭建领导、专家、学者与普通大众广泛交流的平台，形成人人共享的"城市教室"和"市民课堂"，成为全国公共图书馆界具有影响力的讲座品牌。上海浦东新区图书馆每年也举办大量讲座，主动倾听读者心声，准确把握读者文化需求的脉搏，鲍鹏山国学讲座、"大家说文——上海纽约大学教授系列讲座"等系列讲座声誉远播。虹口图书馆曲阳分馆"书影随行"和"影视讲座"紧扣影视文献特色，吸引了年轻听众的关注；乍浦分馆和"上海野鸟会"合作开展的讲座则是抓住了孩子们的注意力，将保护环境、敬畏自然的种子播撒开来。公共图书馆的讲座，已经成为市民修身养性，提升个人修养的主要方式之一。

随着互联网的飞速发展，各家公共图书馆除了提供线下讲座服务，还将讲座放到网站、微博、微信上，让读者不受时空限制，随时随地获取图书馆提供的优质讲座。

上海图书馆专门开设了"讲座图书馆"微信，垂直运营讲座内容，

表4.13　2017年上海市公共图书馆组织讲座情况

单位名称	组织讲座（场次）	参与人数（人次）
上海市合计	4 656	562 820
市级图书馆合计	197	60 809
上海图书馆（上海科学技术情报研究所）	184	59 835
上海少年儿童图书馆	13	974
区级图书馆合计	1 749	275 368
上海市黄浦区图书馆	77	1 376
上海市黄浦区明复图书馆	154	2 916
上海市徐汇区图书馆	90	7 624
上海市长宁区图书馆	114	9 036
上海市长宁区少年儿童图书馆	56	3 212
上海市静安区图书馆	105	7 741
上海市静安区闸北少年儿童图书馆	10	475
上海市普陀区图书馆	90	10 596
上海市普陀区少年儿童图书馆	1	100
上海市虹口区图书馆	172	13 480
上海市杨浦区图书馆	108	3 769
上海市闵行区图书馆	24	3 761
上海市宝山区图书馆	73	91 705
上海市嘉定区图书馆	65	7 050
上海市浦东新区图书馆	316	83 464
上海市浦东新区陆家嘴图书馆	2	90
上海市浦东新区新川沙图书馆	11	428
上海市金山区图书馆	30	8 877
上海市松江区图书馆	72	6 820
上海市青浦区图书馆	64	4 428
上海市奉贤区图书馆	66	5 000
上海市崇明区图书馆	49	3 420
街道（乡镇）级图书馆合计	2 710	226 643

资料来源：上海市图书馆行业协会。

实现了讲座微信预订、在线收听音频等服务，还挑选精品讲座剪辑成适合在微信端传播的10分钟左右的"微讲座"，深受读者好评。嘉定区图书馆联合区内文化资源，将讲座上传至"文化嘉定云"，让更多读者能方便获取讲座内容。浦东新区图书馆线上讲座也有很多创新尝试，例如开展微信直播活动、微群少儿讲座等。

（二）展览

展览是上海市公共图书馆的另一项基本服务项目。近些年，上海市、区两级公共图书馆每年举办的展览数量稳中有升，2017年全市公共图书馆共举办了将近2 000场展览，丰富了市民的文化生活，到馆参观展览的人数也有所增加。各馆努力选择贴合读者需求的优秀展览吸引读者走进图书馆，2017年共有超过240万读者到各家公共图书馆参观展览（见表1.4）。

各馆结合自身优势特点举办各类精品展览，形成图书馆展览品牌。如长宁区图书馆，坚持传统与时代、通俗与高雅、展览与讲座相结合的理念，依托"苏俄造型艺术馆"等名家精品展示的品牌效应，吸引着众多的展品收藏者和爱好者走进图书馆。为构筑大文化宣传阵地，推进图书馆展览事业，多家区级图书馆合作举办展览。比如长宁区图书馆、宝山区图书馆、嘉定区图书馆三家公共图书馆共同举办了以图书馆为主题，跨区域的展览摄影比赛，吸引了大批读者参观。

网上展览是线下展览的延伸，上海市多家公共图书馆通过精心挑选，将线下展览在网上或微博、微信等新媒体平台呈现，让更多市民足不出户就能欣赏。

上海图书馆将精彩展览通过"上图展览"微信订阅号来呈现线上微展览。嘉定区图书馆将其主办的线下展览上传到"文化嘉定云"，通过"文化嘉定云"平台，探索实践了市民即时、便捷地获取文化资源，公共图书馆依据服务数据精准服务的双赢目标。

表4.14　2017年上海市公共图书馆举办展览情况

单位名称	举办展览（场次）	参与人数（人次）
上海市合计	1 928	2 416 616
市级图书馆合计	85	233 010
上海图书馆（上海科学技术情报研究所）	79	221 010
上海少年儿童图书馆	6	12 000
区级图书馆合计	581	751 633
上海市黄浦区图书馆	11	22 920
上海市黄浦区明复图书馆	5	13 489
上海市徐汇区图书馆	—	—
上海市长宁区图书馆	27	18 232
上海市长宁区少年儿童图书馆	3	1 299
上海市静安区图书馆	17	7 532
上海市静安区闸北少年儿童图书馆	240	14 154
上海市普陀区图书馆	19	51 319
上海市普陀区少年儿童图书馆	13	36 000
上海市虹口区图书馆	21	17 839
上海市杨浦区图书馆	17	107 751
上海市闵行区图书馆	4	8 700
上海市宝山区图书馆	17	33 837
上海市嘉定区图书馆	23	47 000
上海市浦东新区图书馆	45	117 290
上海市浦东新区陆家嘴图书馆	—	—
上海市浦东新区新川沙图书馆	6	15 158
上海市金山区图书馆	2	13 000
上海市松江区图书馆	21	31 700
上海市青浦区图书馆	16	72 513
上海市奉贤区图书馆	33	93 000
上海市崇明区图书馆	41	28 900
街道（乡镇）级图书馆合计	1 262	1 431 973

资料来源：上海市图书馆行业协会。

（三）各类读书活动

上海市浦东新区图书馆 "候鸟书屋"挂牌

  图书馆举办各类读书活动，旨在培养读者的阅读兴趣、阅读习惯，提高读者的阅读质量、阅读能力、阅读效果。2017年，上海市各级公共图书馆举办了15 425场各类读书活动，读书活动模式也不断创新（见表4.15）。如上海图书馆联合各区馆举办的"阅读马拉松"千人赛活动；嘉定图书馆开设的"一日馆员"读者体验活动，带领读者参与图书馆的日常管理，参加图书资源推荐课程，形成互相理解、互相尊重的和谐氛围；浦东新区图书馆主动倾听读者心声，准确把握读者文化需求的脉搏，思考将各类资源进行课程化设计，倾心打造了"浦江学堂""问道教育""候鸟书屋""故事妈妈讲故事""作家教你写作文""点亮心灯盲人服务""影音沙龙"等读书活动品牌；青浦区图书馆全力打造以"清阅朴读"为品牌的读者活动，经过几年的探索和实践，已累积形成了多层次、多角度、多形式的读者活动模式。

  随着网络直播的出现，各图书馆也相继开始尝试线上的读书活动。上海图书馆2016年10月开始尝试网络直播读者培训、读书会活动，尝试线上直播服务模式，累计进行线上直播22场，到场人数424人，在线收看直播人数36 684人，在线人数是到场人数的86.5倍。网络直

表4.15 2017年上海市公共图书馆开展各类读书活动情况

单位名称	读书活动（场次）	参与人数（人次）①
上海市合计	15 425	2 975 042
市级图书馆合计	301	1 511 767
上海图书馆（上海科学技术情报研究所）	34	2 520
上海少年儿童图书馆	267	1 509 247
区级图书馆合计	5 617	575 184
上海市黄浦区图书馆	281	6 514
上海市黄浦区明复图书馆	40	1 585
上海市徐汇区图书馆	345	19 329
上海市长宁区图书馆	13	1 340
上海市长宁区少年儿童图书馆	155	5 245
上海市静安区图书馆	672	26973
上海市静安区闸北少年儿童图书馆	192	16 881
上海市普陀区图书馆	283	205 360
上海市普陀区少年儿童图书馆	291	32 460
上海市虹口区图书馆	424	9 196
上海市杨浦区图书馆	93	4 845
上海市闵行区图书馆	243	14 581
上海市宝山区图书馆	50	5 896
上海市嘉定区图书馆	627	61 021
上海市浦东新区图书馆	1 138	74 898
上海市浦东新区陆家嘴图书馆	30	2 406
上海市浦东新区新川沙图书馆	29	6 868
上海市金山区图书馆	176	34 912
上海市松江区图书馆	166	3 320
上海市青浦区图书馆	155	10 311
上海市奉贤区图书馆	124	22 350
上海市崇明区图书馆	90	8 893
街道（乡镇）级图书馆合计	9 507	888 091

数据说明：① 部分图书馆将线上读书活动一并统计，部分只统计了线下的读书活动。
资料来源：上海市图书馆行业协会。

播是图书馆通过新兴的社交媒体对图书馆服务的新的尝试,让更多读者不受地域限制,直观快速地使用图书馆服务,加强了读者活动的效果。

(四)读者活动的对象

宝山区图书馆

各级图书馆在举办读者活动时,兼顾面向成人和少儿的活动,在市、区两级图书馆,这两类活动的数量相当;此外,还有面向特殊群体的阅读服务,如为视障读者举办盲用计算机培训、播放无障碍电影、举办残障读者知识竞赛、才艺竞赛等活动;为外来务工群体定期举办各类读书活动、活动竞赛;为监狱服刑人员设立馆外服务点,把阅读推广活动送到高墙之中(见表4.16)。

在活动的组织上,图书馆也越来越注重借助社会力量,借助社会公益组织的力量,与市区、街道相关部门联合开展活动,图书馆成了各类读书小组、读书沙龙、读书俱乐部的活动中心。

表4.16　2017年上海市公共图书馆读者活动的对象分析

单位名称	成人活动（场次）	少儿活动（场次）	特殊群体（场次）	借助社会力量开展的活动（场次）
上海市合计	17 662	10 245	1 959	3 458
市级图书馆合计	246	546	28	220
上海图书馆（上海科学技术情报研究所）	246	57	28	64
上海少年儿童图书馆	—	489	—	156
区级图书馆合计	3 618	3 249	754	692
上海市黄浦区图书馆	149	211	9	11
上海市黄浦区明复图书馆	36	4	0	3
上海市徐汇区图书馆	244	93	98	20
上海市长宁区图书馆	103	24	—	10
上海市长宁区少年儿童图书馆	9	146	2	21
上海市静安区图书馆	551	210	33	29
上海市静安区闸北少年儿童图书馆	116	326	1	87
上海市普陀区图书馆	95	210	35	74
上海市普陀区少年儿童图书馆	—	302	3	4
上海市虹口区图书馆	228	190	99	29
上海市杨浦区图书馆	85	134	—	12
上海市闵行区图书馆	202	41	—	7
上海市宝山区图书馆	50	77	13	73
上海市嘉定区图书馆	300	404	11	28
上海市浦东新区图书馆	892	382	420	32
上海市浦东新区陆家嘴图书馆	6	26	—	4
上海市浦东新区新川沙图书馆	3	26	—	14
上海市金山区图书馆	97	109	2	6
上海市松江区图书馆	236	82	11	90
上海市青浦区图书馆	90	80	11	25
上海市奉贤区图书馆	45	77	2	21
上海市崇明区图书馆	81	95	4	92
街道（乡镇）级图书馆合计	13 798	6 450	1 177	2 546

资料来源：上海市图书馆行业协会。

晨曦中的杨浦区图书馆

撰稿人

杨佳，上海图书馆（上海科学技术情报研究所）系统网络中心数据资源部主任，高级工程师。研究方向：数据分析。

蔡丹丹，上海图书馆（上海科学技术情报研究所）系统网络中心数据资源部数据管理员，助理馆员。研究方向：数据管理。

谢影，上海图书馆（上海科学技术情报研究所）读者服务中心新媒体服务推广部主任，馆员。研究方向：公共图书馆新媒体服务及数字阅读推广。

第五章
人力资源篇
HUMAN RESOURCE

  信息化、数字化、网络化和知识经济全球化的时代，图书馆需要积极开辟新的服务领域，以满足人们对文献信息的多元化需求。这一变革，必然要求图书馆员们具备较高的信息素养，以适应新技术条件下图书馆的发展需要，作为图书馆各要素中最积极、最活跃的因素，图书馆员既要具备良好的思想素质和道德素质，又要懂得传统图书馆的工作方式、掌握现代计算机知识和多媒体网络技能。因此，造就一支作风好、敬业精神强、高素质的图书馆员队伍是图书馆建设的可靠保证。

一 | 馆员数量

（一）馆员总体数量

2017年，上海市、区和街道（乡镇）三级公共图书馆总计员工数达3 531人，比2016年的3 456人同比增长2.17%。由于正在为新馆储备人才，两个市级图书馆人员增长幅度最大，同比增长8.6%；区级图书馆总体比2016年增长7.1%；而街道（乡镇）馆从业人员总体同比减少6.2%。

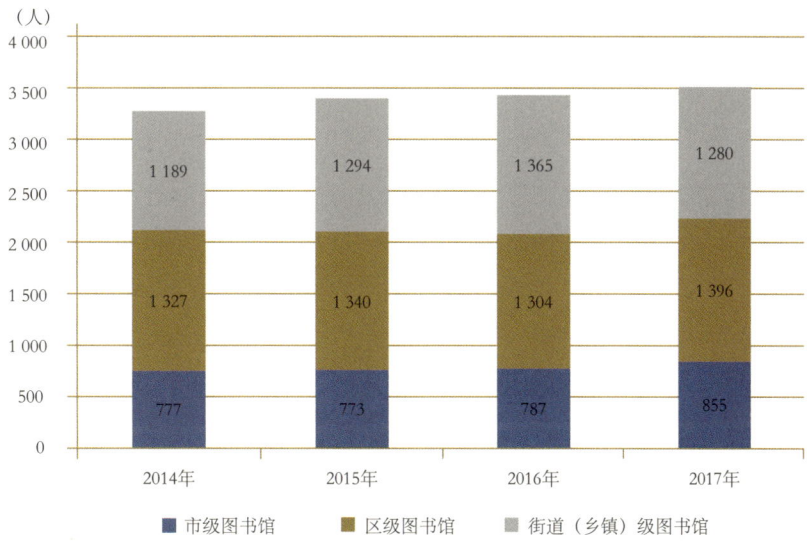

图5.1 2014~2017年从业人员情况

表5.1 2014~2017年从业人员情况

单位名称/类型	单位数（个）	2014年（人）	2015年（人）	2016年（人）	2017年（人）
上海市合计	239	3 293	3 407	3 456	3 531
市级图书馆合计	2	777	773	787	855
上海图书馆（上海科学技术情报研究所）	1	731	728	754	820
上海少年儿童图书馆	1	46	45	33	35
区级图书馆合计	22	1 327	1 340	1 304	1 396
上海市黄浦区图书馆	1	53	49	50	50
上海市黄浦区明复图书馆	1	29	24	24	24
上海市徐汇区图书馆	1	79	84	78	73
上海市长宁区图书馆	1	52	56	53	49
上海市长宁区少年儿童图书馆	1	15	17	16	18
上海市静安区图书馆	1	151	148	124	120
上海市静安区闸北少年儿童图书馆	1	10	9	10	10
上海市普陀区图书馆	1	72	72	80	112
上海市普陀区少年儿童图书馆	1	9	10	10	14
上海市虹口区图书馆	1	78	83	82	106
上海市杨浦区图书馆	1	99	89	86	93
上海市闵行区图书馆	1	65	64	60	67
上海市宝山区图书馆	1	72	67	69	74
上海市嘉定区图书馆	1	94	97	92	90
上海市浦东新区图书馆	1	153	162	162	159
上海市浦东新区陆家嘴图书馆	1	31	31	15	31
上海市浦东新区新川沙图书馆	1	36	35	35	36
上海市金山区图书馆	1	34	34	37	34
上海市松江区图书馆	1	57	55	53	55
上海市青浦区图书馆	1	58	60	77	66
上海市奉贤区图书馆	1	46	60	58	58
上海市崇明区图书馆	1	34	34	33	57
街道（乡镇）级图书馆合计	215	1 189	1 294	1 365	1 280

数据说明：2014~2016年全市有23个区级馆，静安区和闸北区合并后，2017年开始全市区级馆的数量为22个，因此，2014~2016年的静安区图书馆数据为当时的静安区图书馆和闸北区图书馆的数据之和。

资料来源：《上海文化年鉴》、上海市图书馆行业协会。

2017年,全市馆均从业人员为14.8人,其中在编人员10.9人。市级图书馆中,上海少年儿童图书馆没有雇佣派遣人员;区级图书馆中,馆均员工数为63.4人,其中在编人员52.5人,派遣人员10.9人,有8家馆没有雇佣派遣人员;街道(乡镇)级图书馆馆均6人,在编人员3人。

分区域来看,市区区级图书馆和近郊区级图书馆的每馆平均从业人数相当,皆为66人左右,明显高于远郊区级图书馆的54人,但在编人员数量占比却有差别。市区区级图书馆的在编人员数量占总人数的88%,而近郊区级图书馆的在编人员仅占72.6%。远郊区级图书馆中,在编人员数量占总数的比例为75.9%。

表5.2 2017年分类型、区域馆均从业人员情况

单位名称/类型	单位数(个)	从业人员(人)	在编数量(人)	派遣人数(人)
上海市总体均值	239	14.8	10.9	N/A
市级图书馆均值	2	427.5	395	32.5
上海图书馆(上海科学技术情报研究所)	1	820	755	65
上海少年儿童图书馆	1	35	35	0
区级图书馆均值	22	63.4	52.5	10.9
市区区级图书馆	13	66.1	58.2	7.8
近郊区级图书馆	4	66.8	48.5	18.3
远郊区级图书馆	5	54	41	13
街道(乡镇)级图书馆均值	215	6.0	3.0	N/A

资料来源:上海市图书馆行业协会。

(二)区域服务人口

2017年,上海市常住人口为2 419.70万人,平均每名图书馆员工服务6 853人。从区域服务人口来看,区级馆中,员工人均服务数量排前三位的依次是上海市闵行区图书馆、上海市松江区图书馆和上海市浦东图书馆。

表5.3 2017年上海市分区员工服务人数情况

区域	从业人员数（人）	常住人口（万人）	员工人均服务数量（人）
黄浦区	133	65.62	4 933
徐汇区	151	108.56	7 189
长宁区	123	68.87	5 599
静安区	210	106.78	5 085
普陀区	183	128.23	7 007
虹口区	153	80.5	5 261
杨浦区	171	130.94	7 657
闵行区	168	253.98	15 118
宝山区	187	203.05	10 858
嘉定区	163	157.96	9 691
浦东新区	462	550.1	11 907
金山区	80	80.51	10 064
松江区	128	176.48	13 788
青浦区	133	121.49	9 135
奉贤区	105	116.74	11 118
崇明区	126	69.89	5 547

数据说明：各区统计数据中包括区级和街道（乡镇）图书馆，不包括市级图书馆员工数。

资料来源：上海市图书馆行业协会、上海市统计局《2017上海统计年鉴》。

二 | 学历结构

目前上海市各级图书馆的从业人员均以本科学历为主,市级馆中,本科学历占在编人员总数的比例为58.2%;区级馆中,本科占比为63.7%。

两个市级馆,硕士及以上学历人员占在编人数的比值列第二位,为24.1%;列第三位的是大专学历,占12.8%;高中及以下学历的人较少,占4.9%,居于末位。

区级馆中,学历人数占第二位的是大专,占在编人数的比例为20.5%;硕士及以上学历人数占第三位,比例为9.1%;高中及以下学历的人数同样最少,占比为6.7%。

街道(乡镇)馆未有硕士及以上学历数据提交。在已提交的数据中,学历占比最高的是大专,其次是本科和高中及以下学历。

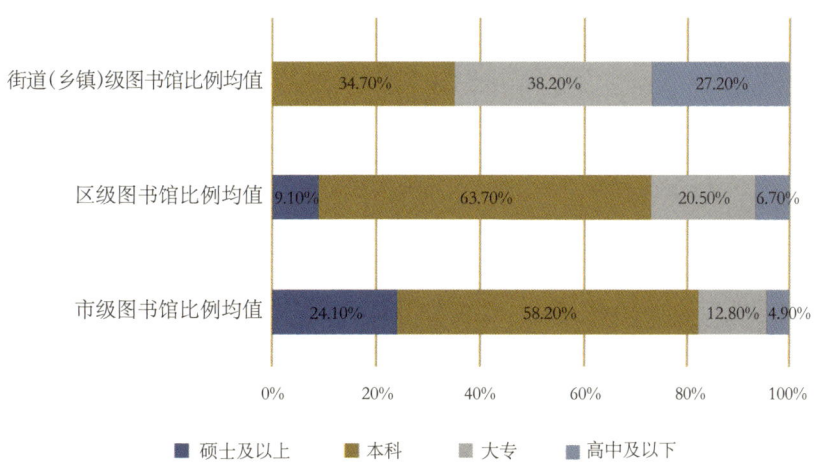

图5.2 2017年各类型公共图书馆从业人员学历结构

资料来源:上海市图书馆行业协会。

表5.4 2017年各类型公共图书馆从业人员馆均学历情况

单位类型	单位数（个）	硕士及以上（人）	本科（人）	大专（人）	高中及以下（人）
市级图书馆均值	2	95	230	50.5	19.5
上海图书馆（上海科学技术情报研究所）	1	183	441	92	39
上海少年儿童图书馆	1	7	19	9	0
区级图书馆均值	22	4.8	33.5	10.8	3.5
街道（乡镇）级图书馆均值	215	0	2.0	2.2	1.6

资料来源：上海市图书馆行业协会。

三 | 职称结构

上海图书馆是目前国内唯一图情合一、综合性研究型的公共图书馆,岗位类型、职称系列跨度较大,因此全市图书馆员的正高职称全部集中在上海图书馆。从人数上来看,全市图书馆从业人员职称的数量按照正高、副高、中级、初级依次递增,即正高人数最少、初级职称人数最多。

上海图书馆

市级公共图书馆中,以中级职称馆员居多,其次是初级和副高职称。区级公共图书馆中,初级职称人数最多,占区馆总员工数的45.8%,中级职称馆员人数居第二位,副高人数最少。区级馆中,副高人数最多的是上海市浦东图书馆,11人;之后是上海市闵行区图书馆,4名副高人员;上海市静安区图书馆和上海市杨浦区图书馆列第三位,各有3

名副高职称馆员。街道（乡镇）馆中没有正高和副高人员，有职称的从业人员也较少，初级职称人数仅占全部员工数的5.5%，中级职称仅占1.9%；街道（乡镇）图书馆由于人员流动性大，亟须为一线服务部门构建图书馆基础业务职业准入机制。

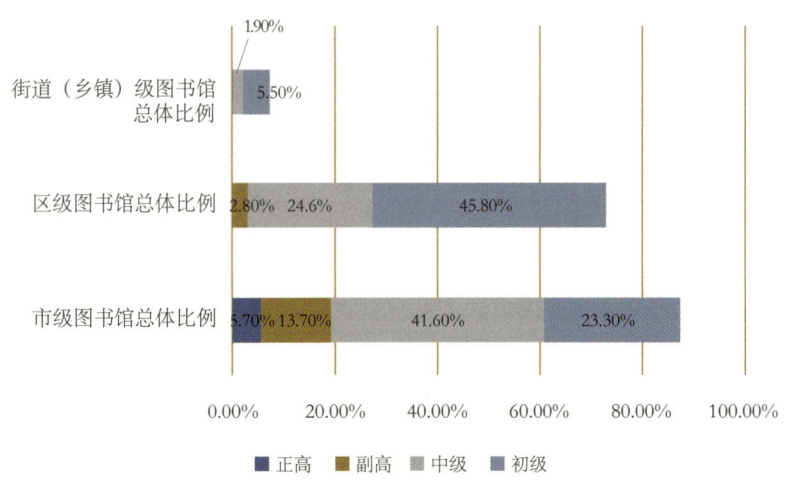

图5.3　2017年各类型公共图书馆从业人员职称结构

资料来源：上海市图书馆行业协会。

表5.5　2017年各类型公共图书馆从业人员馆均职称情况

单位名称/类型	单位数（个）	正高（人）	副高（人）	中级（人）	初级（人）
市级图书馆均值	2	24.5	58.5	178	112.5
上海图书馆（上海科学技术情报研究所）	1	49	114	341	212
上海少年儿童图书馆	1	0	3	15	13
区级图书馆均值	22	0	1.8	15.6	29.1
街道（乡镇）级图书馆均值	215	0	0	0.1	0.3

资料来源：上海市图书馆行业协会。

四 | 管理团队

2017年度的"六次评估"特别针对各馆管理团队情况进行评定，具体指标包括领导班子选拔程序、是否接受过图书馆专业系统培训、领导班子成员数量、本科学历或副高职称数量、45岁以下领导干部成员数量、图书馆学或相关专业学历成员数量、本科学历或副高职称占比、45岁以下领导干部占比、图书馆学或相关专业学历领导干部占比等。由此可见，现在越来越重视公共图书馆领导班子的学历、职称、年龄及专业水平，因此，本报告将从这些方面进行分析。由于市级图书馆仅2家，具有特殊性，这次省略，分析仅在区级馆层面进行。

"六次评估"数据显示，78.6%的区级馆领导班子成员具有本科学历或者副高职称。具体来看，上海市黄浦区明复图书馆、上海市长宁区少年儿童图书馆、上海市静安区闸北少年儿童图书馆、上海市闵行区图书馆、上海市浦东新区图书馆、上海市金山区图书馆和上海市松江区图书馆的领导成员全部达到本科学历或副高职称，具有较高的学历和专业水平。

从班子成员的专业结构来看，大约33.3%的区级馆领导班子成员是图书馆学或相关专业。其中，上海市长宁区少年儿童图书馆、上海市静安区闸北少年儿童图书馆和上海市松江区图书馆的领导班子成员全部为图书馆学或相关专业。

从班子成员的年龄来看，大约52.4%的区级馆领导班子成员在45岁以下，说明区级馆领导班子整体比较年轻。其中，上海市长宁区少年儿童图书馆和上海市松江区图书馆的领导班子成员全部在45岁以下。

表5.6 2016年分区域区级图书馆管理团队总体情况

单位类型	单位数（个）	成员数量均值	本科学历或副高职称占比	图书馆学或相关专业占比	45岁以下领导干部成员占比
区级图书馆均值	22	4.2	78.6%	33.3%	52.4%
市区区级图书馆	13	3.6	83%	31.9%	51.1%
近郊区级图书馆	4	4	75%	37.5%	43.8%
远郊区级图书馆	5	4	78%	25%	60%

数据说明：有些馆的部分数据无须填报，此处做缺损值处理，即做均值时在分母中扣除。

资料来源：第六次全国县级以上公共图书馆评估定级。

五 | 学术研究

（一）学术、业务研究机制

1. 图书馆学术委员会

为了更加广泛、有效地开展图书馆学术活动，吸引更多馆员参与到学术研究中来，培养青年馆员的学术研究能力，上海市各级图书馆纷纷成立学术委员会。市级的行业学术机构会主要有两家，分别为上海市图书馆学会和上海市图书馆行业协会；前者的挂靠单位、后者的会长单位为上海图书馆。上海市图书馆学会是上海市科学技术协会所属的全市性的一级学会，是本市图书馆界开展各项学术研究和业务活动的纽带和桥梁。上海市图书馆行业协会则承担着图书馆行业资格认定、专业技术职务资格评审、业务评估工作实施、行业统计、行业调查等职责；通过制定全市图书馆的行业规范，促进全市各系统图书馆的读者服务及业务的发展。

区级公共图书馆中，上海市浦东新区图书馆、上海市虹口区图书馆、上海市徐汇区图书馆、上海市长宁区图书馆、上海市青浦区图书馆、上海市嘉定区图书馆、上海市普陀区图书馆、上海市金山区图书馆、上海市闵行区图书馆纷纷成立了学术研究委员会，部分图书馆还制定了相关章程，规范有序地对学术活动进行指导和管理。有些区级图书馆虽然没有专门的学术委员会，但也非常重视培育本馆学术氛围、提升职工学术素养。如上海市静安区图书馆成立"青年论坛"组委会，建立业务调研机制，在全馆范围内定期开展学术研讨会，举办"创思·逐梦"静安区图书馆青年论坛，开展全馆业务工作调研及课题研讨等。

2. 馆立科研项目及管理

为了大力加强业务研究和学术交流，各图书馆经常以调研项目为载体,鼓励馆员参加各类学术研讨活动,开展深层次的图书馆业务课题研究,加强创新服务研究。

上海图书馆从2001年开始实施"2151"人力资源能力建设工程,该工程每年评选5个优秀学术成果奖、新人成长计划30个、青年扬帆计划20个、骨干英才计划20个、学科带头人引领计划5个。"2151"工程培育并产生了多项研究成果。

近年来,上海市虹口区图书馆围绕服务青少年的"彩虹屋的奇妙之旅"项目、服务外来务工人员的"菜场书屋"项目、服务中老年群体的"e厘米信息素养培训"项目等,并设立研究课题,先后完成8个调研报告,为项目的可持续发展奠定了理论基础。

上海市闵行区图书馆鼓励职工进行馆立科研项目申报,通过本馆学术委员会审核、指导,围绕全媒体时代阅读推广、平台打造开展研究,同时启动闵行历代稀见文献丛刊等项目作为馆立科研项目进行管理。

上海市徐汇区图书馆的"约书吧"和"藏书票",上海市普陀区图书馆的"青少年智能图书馆应用研究""窗口文明服务案例征集和交流、标准化服务""作家影像录项目",上海市金山区图书馆的"金山区图书馆古籍价值初探及其部分数字化、再版的建议"等都提高了图书馆的学术研究水平。

此外,上海市浦东新区图书馆、上海市嘉定区图书馆、上海市青浦区图书馆、上海市长宁区图书馆也都设立科研项目,对业务进行系统的梳理和调研,创新服务内容,为下一步的工作开展打下良好基础,提升了图书馆整体业务水平。

(二)学术、业务研讨活动

1. 举办学术和业务活动

近年来,公共图书馆学术氛围日益浓厚,市、区两级图书馆通过举办学术研讨会议、论坛,加强单位内部以及馆与馆之间的业务交流,成为提升集体凝聚力、助力学术发展、提升馆员能力的重要平台。

上海图书馆每两年主办上海国际图书馆论坛和竞争情报上海论坛,两个论坛都云集了国内外图书情报领域的专家学者、研究人员和各界人士,致力于推进全球图书馆和图书情报专业人员之间的交流与合作,已成为国内外图书、情报界具有较高知名度的国际性专业学术会议。

上海市浦东图书馆学术论坛自2010年开始,每年10月举办。2012年6月上海市浦东图书馆牵头成立了上海市浦东新区图书馆学会,学会年会与上海市浦东新区图书馆学术论坛合二为一,为全区乃至全市图书馆学术研究提供了更加广阔的交流平台。

上海市嘉定区图书馆的"微课堂"始于2015年6月,和以往馆员论坛、交流讲座不同的是,"微课堂"由一线服务窗口的青年馆员备课并主讲,围绕图书馆专业的相关内容,青年馆员们从第三空间打造到读者互动体验的理念转变;从移动互联到"图书馆+"跨界服务的形态升级,馆员"微课堂"的探讨内容精彩纷呈,对开拓图书馆人的思维、促进图书馆建设和事业发展起到了很好的作用。

在以"未来五年我眼中的图书馆"为主题的青年学术论坛中,上海市长宁区图书馆青年馆员围绕公共图书馆的服务理念、功能创新、品牌建设等方面,结合自身专业特长选取角度、拓展思维,为未来五年的图书馆发展建言献策。此外,上海市虹口区图书馆、上海市徐汇区图书馆、上海市闵行区图书馆、上海市静安区图书馆、上海市黄浦区明复图书馆、上海市普陀区图书馆等也定期或不定期召开学术研讨会,共商图书馆发展、共谋图书馆未来。

2017年,市、区联动开展公共图书馆学术研讨活动成为常态。5月,上海图书馆携手上海市金山区图书馆举办第二届公共图书馆"一卡通"服务研讨会;6月,上海市长宁区图书馆与上海图书馆共同主办第四届图书馆微服务研讨会;11月,上海图书馆、上海市图书馆学会携手上海市闵行区图书馆举办第七期图书馆参考咨询业务培训研讨会;12月,上海图书馆携手上海市虹口区图书馆召开了长三角地区网上联合知识导航站年会。

2. 参加馆内外学术和业务活动情况

2017年,上海图书馆举办了21次馆内学术活动,参加了53次馆外学术活动。以"颠覆性技术影响力"为主题举办的2017竞争情报上海论坛获得圆满成功。

区级馆中,有14家区馆举办了馆内学术活动,举办活动次数最多的是上海市嘉定区图书馆,有8次;其次是上海市长宁区图书馆、上海市闵行区图书馆和上海市青浦区图书馆,均为5次。参加馆内学术活动人数最多的是上海市嘉定区图书馆,540人次,上海市浦东新区图书馆紧随其后,为500人次。在参加馆外举办学术活动方面,参加活动个数最多的是上海市嘉定区图书馆,2017年共参加了27个馆外学术活动;并列第二位的是上海市普陀区图书馆和上海市宝山区图书馆,都参加了24个馆外学术活动。参加馆外活动人次最多的是上海市嘉定区图书馆,2017年共参加150人次;其次是上海市宝山区图书馆,145人次。

表5.7 2017年员工参加馆内外学术活动情况

单位类型	单位数	馆内举办学术活动		参加馆外举办学术活动	
		学术活动数(个)	人次	学术活动数(个)	人次
上海市合计	24	58	5 560	268	1 577
市级图书馆合计	2	21	3 420	59	844
区级图书馆合计	22	37	2 140	209	733

资料来源:上海市图书馆行业协会。

(三)学术、业务研究成果

1. 研究报告

2017年,上海图书馆发布了《上海市公共图书馆2016阅读报告》《2017国际大都市科技创新能力评价》等报告。

上海少年儿童图书馆联合上海市图书馆学会少年儿童图书馆委员会、中文在线,依托上海市中心图书馆的"少儿一卡通"系统、上海中小学生"数字阅读"平台及631所学校图书馆,共采集了近五年共计7 724 915条纸质图书记录、61 171条数字图书记录和1 156份调查问卷,共同发布《上海市少年儿童阅读报告》,从读者的阅读兴趣、阅读态度、阅读习惯、阅读能力及数字阅读等七个方面,立体呈现低幼段、小学段、中学段少年儿童的阅读素养和发展趋势。上海市浦东图书馆近几年分别以专题读者、少儿读者、读者满意度、创客空间等为主题撰写了研究报告。上海市徐汇区图书馆撰写了《图书流通情况统计分析报告》《徐汇区图书馆读者阅读倾向调查报告》《徐汇区图书馆徐汇历史风貌主题馆业务调查报告》等报告，针对调研问题提出了解决方案和建议，报告主题明确、内容翔实，对图书馆的工作极具参考价值。

上海市金山区图书馆近年的成果主要是《金山区图书馆古籍价值初探及其部分数字化、再版的建议》《金山区文化志愿者机制建设与功能提升探索》《金山文化志愿者服务延伸和质量提升的探索》三份研究报告。

上海市浦东新区新川沙图书馆2016年8月出版了"川沙历史名镇文化系列丛书"第一本——《川沙名人》，2017年出台《川沙名胜》的策划草案。

上海市黄浦区明复图书馆根据实际情况和未来发展方向形成《石库门主题图书馆修缮项目研究报告》。

此外，上海市虹口区图书馆、上海市嘉定区图书馆、上海市普陀区图书馆、上海市闵行区图书馆、上海市静安区图书馆、上海市长宁区图书馆等都鼓励本馆职工积极撰写业务调查、咨询报告，将工作经验提炼、升华，具有鲜明主题和研究目标，具备研究方法、数据和分析，并附有解决方案和建议。

2. 发表论文

2017年，全市发表论文最多的馆是上海图书馆，共132篇；上海少年儿童图书馆发表论文8篇。12个区级公共图书馆总计发表了70篇论文；发表论文最多的区级馆是上海市浦东新区图书馆，共发表15篇论文；列第二、第三位的是上海市闵行区图书馆和上海市虹口区图书馆，分别发表13篇和11篇论文。

徐汇区图书馆

表5.8 2017年员工发表论文情况

单位名称/类型	单位数（个）	员工发表论文数量（篇）
上海市合计	14	210
市级图书馆合计	2	140
上海图书馆（上海科学技术情报研究所）	1	132
上海少年儿童图书馆	1	8
区级图书馆合计	12	70
上海市浦东新区图书馆	1	15
上海市闵行区图书馆	1	13
上海市虹口区图书馆	1	11
上海市宝山区图书馆	1	7
上海市嘉定区图书馆	1	6
上海市青浦区图书馆	1	5
上海市普陀区图书馆	1	3
上海市浦东新区陆家嘴图书馆	1	3
上海市徐汇区图书馆	1	2
上海市金山区图书馆	1	2
上海市奉贤区图书馆	1	2
上海市崇明区图书馆	1	1

资料来源：上海市图书馆行业协会。

3. 获得奖项

2017年，上海图书馆微阅读"WE READING"（上海图书馆数字阅读活动），成为IFLA（国际图联）第14届IFLA BibLibre（图书馆国际营销奖）的10个最富于启发性的项目之一；除此之外，上海图书馆还分别获得58项全国级奖项和65项市级奖项。区级馆中，2017年有11家区级图书馆获得全国性奖项。所有区级馆都获得过市级奖励，获奖最多的是上海市嘉定区图书馆，共计23项；其次是上海市闵行区图书馆，获18项。16个区级馆获得过区级奖励，其中，上海市普陀区图书馆获得的区级奖励最多，为8项。

表5.9　2017年获得奖励情况

单位类型	单位数（个）	全国级奖（项）	市级奖（项）	区级奖（项）	其他奖（项）
上海市、区两级图书馆合计	24	88	248	54	42
市级图书馆合计	2	59	67	6	0
区级图书馆合计	22	29	181	48	42

资料来源：上海市图书馆行业协会。

撰稿人　吕玉洁，上海图书馆（上海科学技术情报研究所）协调辅导处，高级工程师。研究方向：公共文化、竞争情报。

第六章
创新案例篇
INNOVATION CASE

　　创新让图书馆与时俱进，创意让图书馆鲜活灵动。近年来，上海公共图书馆界开展了众多的各类创新项目，让图书馆事业焕发出新的生命力。本篇基于中国图书馆学会举办的"第一届公共图书馆创新创意征集推广活动"、上海市文化广播影视管理局选出的2017年上海市公共文化建设创新项目，选取了市、区、街道（乡镇）公共图书馆具有代表性的创新案例，从思维重塑、组织变革、效能提升、跨界融合、功能拓展等维度，探索公共图书馆在"互联网+"理念引领下的创新发展。

一 | 助力城市社会诚信体系建设
上海图书馆诚信免押金办证服务

2014年4月,上海图书馆与上海市征信管理办公室(以下简称为"上海市征信办")、上海市公共信用信息服务中心签约建立了长期合作关系,开展诚信免押金办证服务。凡上海市常住人口,年满18周岁,本人持身份证在现场申请并签署《个人信用信息查询授权委托书》,查询信用平台结果显示无任何不良记录,就可免100元押金办理一张上海图书馆普通外借读者证。该服务,以"共筑诚信、你我同行"为主题,倡导广大读者扬诚信之风,做文明读者。

(一)积极探索,服务创新

党的十八大提出爱国、敬业、诚信、友善是公民基本道德规范,是从个人行为层面对社会主义核心价值观基本理念的凝练。而"诚信"即诚实守信,是人类社会千百年传承下来的道德传统,也是社会主义道德建设的重点内容,它强调诚实劳动、信守承诺、诚恳待人。

2008年,上海图书馆在国内图书馆界率先对基本业务实行免费服务,之后一直探索如何在原有基础上进一步加大公益性服务和免费开放的力度。上海图书馆尝试在摆脱费用约束的前提条件下,找寻一种图书馆和读者之间完全公益的合作方式。

2014年,上海图书馆与上海市征信管理办公室、上海市公共信用信息服务中心洽谈合作协议,考虑是否可以用信用代替押金来确保图书馆与读者之间的图书借阅约定。申请人只需授权图书馆查询个人诚信信息,如该申请人无不良记录,即可免费办理普通外借功能读者证。这一创新举措使上海图书馆与读者之间建立起更加牢固的信任关系,此项服务一经推出就受到了社会各界的广泛好评。

（二）国内独创，全国首创

诚信免押金办证服务是国内唯一由两家权威的信用评估机构给出信用报告，全市两千多万常住人口皆可通过查询个人诚信信息办理免押金读者证；同时也独创了国内第一张"信用借书证"。2016年1月上海图书馆作为国内第一家与蚂蚁金服小微金融服务集团合作的图书馆，率先推出查芝麻信用分免押金服务，开创了全国公共图书馆界诚信免押金办证的先河。

上海图书馆推出的"信用借书证"，只要读者的信用过关，从办证到借书一站式免押金通行，使"诚信办证"和"信用借书"的理念辐射到上海图书馆和上海市中心图书馆部分成员馆。这项服务通过诚信激励阅读，阅读助推诚信，惠及所有守信市民，共同营造公平诚信的社会环境，受到广大读者的普遍欢迎。

（三）激励诚实守信，社会更加互信

目前全市230多家市、区级、街道（乡镇）"一卡通"图书馆的320多个馆点持证读者近440万人，其中已有众多读者参与了诚信免押金办证服务。截止到2017年底，全市公共图书馆共办理诚信免押金读者证177 783张，免押金达1 777万余元。真正做到了"一卡通百馆，诚信胜押金"，对于整个城市的社会道德与诚信建设具有十分重要的意义。读者参与社会信用的过程，也是自我教育和体验的过程，尤其是这项服务能让小读者从小培养社会信用意识，有助于他们在未来复杂的社会环境和人生旅途中做出正确的选择和判断。

通过上海市公共信用信息服务平台与上海图书馆业务管理系统的深度集成，上海图书馆将各级各类公共图书馆的读者借阅失信信息逐步纳入上海市公共信用信息服务平台，让读者在使用图书馆资源的同时也履行了与图书馆建立的服务约定。此举对整个城市的社会道德与诚信建设具有十分重要的示范意义。让守信者处处受益，让失信者寸步难行，这是上海市公共图书馆在社会公民道德和信用体系建设中的一个全新的尝试。

（四）借免押金办证便利，拓展图书馆服务阵地

利用诚信免押金服务带来的便利，上海图书馆已连续两年在上海书展期间为读者办理诚信免押金读者证共计2 449张，占书展总办证量的80%。此外，上海图书馆还走入上海各大高校为高校师生办理诚信免押金读者证，共走访上海交通大学、复旦大学、同济大学、华东理工大学、上海师范大学、上海海洋大学、上海海事大学等20多家高校，办理读者证共计9 069张，其中诚信免押金读者证3 868张，占办证量的42%，让广大读者享受到了守信带来的福利。

在与上海市征信管理办公室和上海市公共信用信息服务中心合作推出诚信免押金办证服务的基础上，上海图书馆推出查芝麻信用分免押金服务。读者只要符合芝麻信用分达到650分及具有上海市常住人口两个条件，即可免押金在支付宝APP线上申请上海图书馆借书证，在上海图书馆线下取证或激活使用上海图书馆各类线上服务。上海图书馆一直在尝试不断开辟免押金渠道，从而让更多守信的读者能方便快捷地享受到图书馆海量的文献借阅和数字资源服务。

目前，上海图书馆与上海市公共信用信息服务中心进一步合作，成为首批入驻诚信上海APP的服务单位，让更多守信读者能通过诚信上海APP在线查询诚信状况，享受免押金办证和各类借阅信息服务。这一系列服务的推出，旨在让广大读者亲身参与本市诚信体系建设，弘扬社会诚信，倡导公民守信。

（五）社会成效及获奖情况

经过三年多的努力，诚信免押金办证服务已经深入人心，相继受到了业内专家的关注和首肯、网络媒体受众的热捧以及多家媒体的广泛报道。读者普遍认为这是一项非常实在的惠民政策，同时也弘扬了申城的诚信之风，加强了市民的诚信意识，是上海市征信管理办公室、上海市公共信用信息服务中心和上海图书馆暨上海地区公共图书馆的一次成功合作。总结其成功的原因有以下几点：

1. 服务理念创新，在国内首创"信用借书证"理念。在上海市公共图书馆中首次引入政府公开信息平台，实现信息交互。

2. 建立统一的查诚信免押金业务流程及服务体系，将各项与诚信相关的办证服务辐射到全市"中心图书馆"的"一卡通"范围。

3. 以大数据平台为基础，通过数据分析、数据挖掘，与上海市公共信用信息服务平台建立数据交互，探索公共图书馆与社会信用体系建设的合作。

4. 通过引入上海公共信用信息服务平台的契机，完善公共图书馆在信用体系方面的制度建设，充分发挥公共图书馆的引领示范作用。

5. 让诚信的理念通过上海市中心图书馆的"一卡通"服务走进千家万户。

截至2017年，诚信免押金办证服务已经荣获多个奖项：

1. "上海市公共图书馆诚信办证服务系统建设"项目获得2015年上海市文化广播影视管理局科技进步奖二等奖。

2. "信用借书证"成为2015年度上海市公共文化建设创新项目之一。

3. "诚信免押金办证服务"获得创新引领未来——第一届公共图书馆创新创意征集推广活动"最佳创新奖。

（六）结束语

李克强总理在国务院第四次廉政工作会议上强调"治国理政，无信不立"。各级政府部门必须以徙木立信之态取信于民，带动全社会诚信意识的树立和诚信水平的提高。

上海图书馆感到有责任参与公民道德和诚信体系建设，有义务去呼吁全社会共同来参与并携手全市公共图书馆、社会各界和广大读者共同践行诚实守信这一理念。不忘初心，砥砺前行，激励读者诚实守信，让社会变得更加诚信、更加和谐、更加美好。

撰稿人　梁永平，上海图书馆（上海科学技术情报研究所），读者服务中心外借部副主任，馆员。研究方向：读者服务。

二 | "上图爱悦读"无处不在的阅读
上海图书馆微阅读移动平台开发与应用

近年来，中国的互联网发展突飞猛进，尤其是移动互联网的发展。根据《中国移动阅读市场年度综合分析2017》分析，预测2017~2018年中国移动互联网用户规模将达到8.9亿人。2011~2018年是中国移动阅读市场的高速发展期。随着智能终端的快速普及，越来越多的读者希望能够利用碎片化时间进行阅读。在此期间，市场涌现了大量的付费阅读APP，而中国读者大部分尚未养成为数字阅读服务付费的习惯，这些用户存在着对免费数字阅读的需求，这就为公共图书馆推出免费数字阅读服务提供了空间和舞台。

现代社会城市快节奏的生活，使得越来越多的一线城市市民不太会花费较长时间坐在个人电脑前查看图书馆中的图书或进行图书馆借阅服务。他们希望能更多、更便捷地利用移动互联网享受图书馆提供的服务，也希望图书馆能提供基于移动设备的数字阅读服务。

为了推进全民数字阅读，顺应移动互联网和移动计算时代的发展趋势，顺应广大读者阅读需求的变化，上海图书馆一直致力于移动服务领域的实践与创新。

上海图书馆的注册读者数已达450多万，年纸质书流通量超过6 000万册次。为了寻求新的服务人群和数字阅读的推广人群，结合市民阅读形态的最新现状，上海图书馆自主研发，先后完成了"上图爱悦读"数字阅读自助机和基于H5（HTML5）页面的微阅读微站平台开发，并利用新媒体平台呈现微阅读平台。上海图书馆还首创利用新媒体平台对数字资源进行品牌化包装，推出的"微阅读"移动数字阅读品牌、微阅读"WE READING"，成为国际图联第14届图书馆国际营销奖的10个最富于启发性的项目之一。

（一）打破资源厂商服务平台限制，自主研发移动服务平台，实现技术创新

随着中国移动互联网事业的整体发展，越来越多的数字资源厂商开始转战移动端服务平台，最初各家厂商推出了基于自有数字资源服务的APP，随着微信的发展，又推出了能嵌入微信公众号的服务平台。而对于公共图书馆来说，最大的服务障碍是不同资源厂商的内容只能基于各自的移动端服务平台，图书馆的数字阅读服务经常会受制于资源厂商提供的平台。因此，大多数图书馆在做移动数字阅读服务时，都选择了某一家资源厂商的平台。这样选择最大的问题在于，能为读者提供的移动阅读的数字资源十分有限，平台和资源都在厂商手中，无法满足自主的定制需求。

为打破资源厂商服务平台的限制，上海图书馆率先在国内图书馆界尝试自主研发移动服务平台。自2013年起，上海图书馆启动研发"上图爱悦读"数字阅读自助机，在"上图爱悦读"数字自助机上整合各类可用电子资源，读者利用该设备可享受免费试读和借阅最新电子书刊。为方便读者使用"上图爱悦读"自助机的资源，设备上还增加了网上办证服务。"上图爱悦读"自助借书机实现了多家资源厂商的数字资源的整合，所提供的电子书包括超星、中文在线等电子资源厂商的能自适应移动阅读终端的EPUB（Electronic Publication，电子出版物）电子书。为了让读者能阅读到更多内容的电子书，上海图书馆还打破了向电子资源厂商采购电子书的模式，直接跟内容资源上游出版社合作。目前平台已经整合了广西师范大学出版社、上海交通大学出版社、译文出版社等国内多家优秀出版社提供的数字资源，从而真正打破了资源厂商服务平台限制，资源整合后，用户的使用更加方便。该设备真切地让图书馆所拥有的信息资源为普通大众服务，使读者享受到无处不在的移动阅读体验。"上图爱悦读"无论在模式、理念、服务方面在图书馆界都属首创，并且引领了数字阅读自助机的产品化发展。"上图爱悦读"已经申请了软件著作权，并注册了商标。

2015年，在"上图爱悦读"数字阅读自助机的服务基础上，为了能更好地适应移动互联网发展需求，上海图书馆又自主开发了基于

H5应用的"微阅读微站"平台。"微阅读微站"平台是新型的轻量型网站,能方便接入到各种类型的互联网平台如微信、支付宝、头条号APP等,还能根据使用场景的变化,做定制化的轻量级开发,以实现不同场景、不同用户需求的移动阅读服务。微阅读微站正式发布至今已完成五期开发并全面应用在上海图书馆的各类新媒体平台和应用客户端中。

> "上图爱悦读"数字阅读自助机+上图"微阅读微站"平台,已经成为上海图书馆在数字阅读推广实践中的重要服务工具,也开创了阵地体验宣传联合"互联网+"的服务新模式。

(二)迎合读者需求,利用新媒体平台,探索图书馆数字阅读服务模式创新

"上图爱悦读"数字阅读自助机一经推出,在2013年中国图书馆年会、2014年上海书展、2014年SILF(上海国际图书馆论坛)会议上都作为上海图书馆主要特色展出,获得极好的效果。"上图爱悦读"具有网上办证、信息展示的功能并且易于部署,只需一根电源与一根网线即可部署,方便地将图书馆服务延伸到城市的很多角落。已有15台"上图爱悦读"部署在上海图书馆的各个楼层,并且布置到学校、轨交等公共场所。

2015年,上海图书馆在"上图爱悦读"的基础上,又推出的微阅读微站是完全采用H5技术框架基础上构建的新型网站。微阅读微站具有多入口、体验佳、轻量开发、灵活组合、传播快、引领性强、资源独家等特点。因此,目前已经有很多应用推广的实践,除了上海图书馆自己的微信公众号,还吸引了众多互联网企业及有数字阅读的大客户来寻求与上海图书馆微阅读微站合作。微阅读微站目前已有馆藏纸质图书查询、电子图书查询、微阅读、图书续借、已借图书查询、图书馆讲座预定、培训展览揭示关注、网上办证、附近图书馆查询、个人中心、二维码读者证等众多功能。

微阅读微站的开发首先是迎合了读者的需求。2013年12月,上海图书馆推出了微信公众号服务。"什么时候能在上海图书馆的微信号上

看电子书"是读者问得最多的问题。为了满足微信端的图书阅读需求，上海图书馆在2015年4月推出了微信服务号上的"微阅读"按钮，提供在微信端的数字阅读，并在2015年5月，推出了微信服务号上的数字阅读推广品牌"微阅读"栏目。每周由馆员挑选一个主题，推荐跟主题相关的电子书，目前已经累计推出135期，每期推出7本书，不求大而全，在新媒体平台力求做到小而美。经过统计分析，2015年推出"微阅读"平台后，阅读量排在最前面的"Top100"，85%以上来自"微阅读"栏目推荐过的电子书。2016年，又基于"微阅读"平台上电子期刊的推荐推出了新媒体数字阅读推广栏目"微文堂"，每周根据馆员挑选的主题推荐4~5篇期刊文摘。将移动数字阅读平台嵌入新媒体平台，并通过新媒体平台宣传图书馆数字阅读资源的服务模式，达到很好的推广效果。

除了上海图书馆自己的微信公众号接入了微阅读微站服务，上海图书馆还是全国第一家将微站服务嵌入微信城市服务和支付宝城市服务的公共图书馆，满足了微信、支付宝等移动端应用发展对于公共图书馆服务的需求，让读者能方便地通过微信APP和支付宝APP享受到图书馆在移动端的服务。第三方平台的入口，也为上海图书馆移动服务平台微站引入了更多读者用户。目前除了用户量较大的微信、支付宝、今日头条APP引入了上海图书馆的微站服务，越来越多的大客户企业和机构来寻求与上海图书馆的数字阅读平台的合作，如：上汽工会微信公众号、上海金融APP、诚信上海APP、上海市体育局党校微信公众号等。上海图书馆微站的可轻量定制开发、方便接入各个入口等特点，使得微阅读接入各个合作伙伴的各类移动平台成为可能，从而探索出一条公共图书馆数字阅读全新的服务模式。

（三）引领行业数字阅读模式，服务成效显著

"上图爱悦读"首次在2013年中国图书馆年会上展出，它不仅给读者带来了全新数字阅读体验，也吸引了各资源厂商的目光。2014年超星、龙源等相继推出了"歌德""云阅读"等产品，这些产品主要功能都与"上图爱悦读"相似，可以说是"上图爱悦读"引领了这一新的数字阅读模式。

2015年5月，上海图书馆利用微信服务号在国内图书馆界率先推

通过新媒体平台推广微阅读微站服务的模式,自上线以来,取得了良好的效果,馆员以每周7本书的速度向读者推荐可以直接在微信和支付宝客户端等热门应用的"微阅读"频道里进行全文阅读的电子书,并向注册读者全部免费开放。微阅读微站自2015年4月上线投入使用,累计页面访问量达到4 153 363次,访问人数达到1 804 408人次。至今已推荐图书700多本被近51万读者所阅读,显示了新媒体推广阅读的强大力量。

出"微阅读"频道,作为对互联网支付宝、微信城市服务微阅读微站入口的补充。微阅读推出的电子书全部采用网页浏览的服务模式,提供的电子书可适应各类大小移动终端,其电子书以epub格式为主,实现跨平台服务,来源不限于出版社和电子书集成商,由上海图书馆自主研发开放标准统一的电子书管理平台,并进行DRM(数字版权管理),在国内图书馆界具有独创性。

微阅读微站使用量如此之大,主要原因是微站可以很容易地移植到各类开放平台,能实现跨平台服务,多入口使用。微阅读微站借助的第三方平台,如微信、支付宝、头条等,可以导入大量的访问量。这样既能方便上海图书馆持证读者使用图书馆推出的服务功能,又能吸引很多非持证读者,让他们成为上海图书馆的服务对象。

"上图爱悦读"微阅读移动平台的开发与应用不但在行业内有引领作用,获得用户的好评,还获得了社会各界的认可,斩获上海市、全国乃至世界的各种奖项。微阅读"WE READING",成为IFLA第14届图书馆国际营销奖的10个最富于启发性的项目之一;"上图爱悦读"数字阅读自助机的开发、上海图书馆微站移动开发与建设,荣获了2014年、2015年上海市文化广播影视管理局科技进步奖的一等奖和二等奖;上海图书馆微阅读微站,荣获支付宝城市服务的"2015民生服务人气大奖";上海图书馆微阅读微站服务,荣获"2015年度上海政务微信"智慧服务奖;"O2O数字阅读推广项目",成为2016年度上海市公共文化建设创新项目之一;"上海图书馆微阅读推广活动",成为2016年度上海市振兴中华读书活动"示范引领项目"之一;"上图爱悦读微阅读

爱悦读机器

移动平台开发与应用",2017年荣获"第一届公共图书馆创新创意征集推广活动"的"最佳创新奖"……

"上图爱悦读"微阅读移动平台的开发与应用顺应了时代、技术和用户需求发展的潮流,图书馆在数字阅读服务过程中解决了跨平台资源服务,完成了破除资源厂商服务壁垒的探索,并且开创了图书馆数字阅读推广与新媒体服务相结合的全新阅读推广模式。

| 撰稿人 | 谢影,上海图书馆,读者服务中心新媒体服务推广部主任,中级。研究方向或服务方向:公共图书馆新媒体服务及数字阅读推广。 |

三 | 读书，是为遇见更好的自己
上海少年儿童图书馆"上海童话节"

上海少年儿童图书馆主办的"上海童话节"系列活动始于2013年，旨在培育当代未成年人社会主义核心价值观，发挥少儿图书馆社会教育的主导作用，传播中华优秀文明，造就少年儿童优秀人格，营造热爱阅读、热爱生活、健康快乐的良好氛围。

◆

"上海童话节"每年在5月末举行，为期4个月，由上海少年儿童图书馆主导，20家区级图书馆、1 546所学校联动，形成一站式平台，共同开展九大板块200余项活动，内容包括主题活动、少儿讲座、阅读推广、阅读竞赛、教育培训、志愿服务等等，辐射整个上海，贯穿整个暑期，让少年儿童真正感受到阅读的乐趣。经过几年的探索开拓，"上海童话节"在立意与策划、社会合作、组织实施、品牌推广等方面都取得了一定经验。

（一）秉持少儿阅读推广理念，开展"立体"的阅读活动

"上海童话节"作为一项少儿阅读推广活动，其宗旨在于引导少儿学会阅读、热爱阅读，从童话这种适应少儿兴趣与理解水平的文本入手，培养新一代少年儿童良好的阅读习惯与健康光明的价值观。而在新媒体时代，形式多样的"立体"阅读，不仅更容易为少儿接受，也将成为未来的阅读方式。因此，历届"上海童话节"的主题活动环节，都是通过文本主导（好书推荐、经典阅读）与多重演绎（表演、朗诵、原创评选）相结合的方式来开展的。

在历年的"上海童话节"中，开展了"秀童话——中外童话故事

会""全市童话故事接力赛""迪斯尼"系列互动体验式活动等,让小读者们亲身参与其中。曾邀请国内十位知名儿童作家担任"阅读大使",制作《百本名作家推荐书目》作为"六一"节的礼物献给儿童。这本书目不仅设计形式新颖、分年龄层进行推荐,并由"阅读大使"们精心编写推荐语,令人印象深刻,在媒体报道及读者口碑中均获得良好评价。

截至2017年底,已经征集到的亲子朗读作品有3.6万个。最后还将把选出的100个家庭声音档案制成光盘,向图书馆、社区文化中心和阅读推广公益组织免费赠送,由点及面,将阅读理念根植家庭,获得了良好的社会效益。

"上海童话节"连续几年开展了"亲子朗读声音档案大征集"活动,面向3~12岁适龄少儿家庭征集亲子朗读音频,在国内知名亲子阅读推广微信平台魔法童书会,"喜马拉雅"、"荔枝"等网络电台播出,并在深具影响力的8月上海书展和11月上海国际童书展上组织展演展示,将亲子阅读的气氛推向高潮。

(二)立足图书馆的职能与资源,与社会力量形成合力

公共图书馆肩负社会教育职能,也拥有专业馆员、海量藏书与适宜的阅读空间等资源,如何在新时代履行图书馆职能,提升资源利用率,吸引更多读者使用图书馆、信任图书馆,是所有公共图书馆的重大课题。为了深化服务内涵,扩大服务效应,上海少年儿童图书馆凝聚社会共识,整合社会资源,"借势借力",通过上海童话节尝试"走出去"与"请进来"等多种合作模式,不仅使童话节的活动丰富多彩,品牌深入人心,也带动社会各界关注图书馆事业,取得共鸣共振共赢的社会效应。

1."上海童话节"走出去

上海少年儿童图书馆联手中文在线每年开展"飞翔吧想象力"少年儿童童话、故事在线创作比赛,比赛不设门槛,邀请各年龄段热爱创作的孩子通过上传作品参与其中;联手美国领事馆、英孚教育、学乐教育,让小读者体验双语阅读的乐趣;联手上海电影博物馆举办动画

片创意场景设计比赛，培养少年儿童的创新意识与艺术能力；联手"小欢国学"、秋霞圃书院开展国学教育，向小读者传播中华经典文化，弘扬国学中的人文智慧与道德；联手张怡筠心理工作室、央视《超级育儿师》栏目，关注少儿心理健康，并深入浅出地指导家长如何避免教育的误区；联手世界知名五百强企业精英人才，帮助小读者拓宽眼界，以更加新颖独特的视角看待世界。

2. "名家"请进来

上海少年儿童图书馆延续了一直以来邀请名家名团进馆的传统形式，儿童作家主持人、艺术家等社会名流相继进入上海少年儿童图书馆与读者共同参与活动。几年来，秦文君、林文宝、周锐、殷健灵、萧萍、陆梅、保冬妮、张弘等一批儿童文学作家走进少儿馆，他们结合经典儿童文学文本，从细节、语言、情趣、情怀、故事等方面，培养小读者的阅读兴趣，分享少儿文学创作的乐趣。知名剧团如台湾地区的晨星剧团、朱宗庆打击乐团、上海木偶剧团、上海儿童艺术剧团等，还有沪上知名的文化人如上海人民广播电台主持人梅梅、上海人民广播电台资深播音指导范蓉、上海广播电视台电视新闻中心著名主持人夏磊、国家一级演员蔡金萍等先后走进少儿馆，吸引了大批小读者踊跃参与，同时让名家与小读者零距离对话，为他们建立起一座学习和沟通的桥梁，体现了公共图书馆的服务职能。"名家名团进少图"的活动集教育意义、艺术品位与娱乐情趣于一体，是上海童话节的亮丽风景线，小读者在这里收获了快乐、收获了知识、收获了健康成长。

（三）依托全市少儿图书馆服务网络，推广活动培育馆员

"上海童话节"能够形成全市渗透、普遍知晓的活动规模，离不开"1+16少儿图书馆三级服务网络"，即上海少年儿童图书馆构建了以市级少儿馆为核心，积极整合上海市教委、出版机构、社会主体等资源，以区少儿馆为中心、以街道（乡镇）少儿馆为发起点，逐步形成了市区联动、协同发展的工作格局。"上海童话节"的九大活动板块——主题活动、少儿讲座、阅读推广、阅读竞赛、教育培训、科普园地、演出展览、影视剧场、志愿服务，按照活动地点被制作成活动地图，使小读者们可以按图索骥，找到自己感兴趣的活动与最方便的地点。

"上海童话节"携手各区图书馆开展全市性"讲故事 吾来赛"幼儿沪语故事比赛,通过海选、初选进入决赛,最终获奖者参与到上海市民文化节比赛中,在更大的平台上进行展示。又如每年"上海童话节"中的"飞翔吧想象力"征文比赛,辐射到全市,包括宝山、崇明、金山等郊区,深入街道(乡镇)少儿图书馆(室),参与面不断扩大,征文数量逐年上升。从最初的1 000多篇至2016年共计6 000多篇,数量翻了几番,质量也有了大幅的提升,脱颖而出的优秀作品已经集结成册,形成了规模效应。"亲子朗读声音档案大征集"活动每年与上海某一个区的文广局联合主办,"四·二三"世界读书日于上海少年儿童图书馆启动,通过各区和街道(乡镇)图书馆广泛发动,同时与区一级的阅读推广活动相结合,邀请专家深入社区示范指导深入开展活动。同时还在对口省市开展亲子朗读活动,进行文化交流,进一步扩大影响力与感召力、深化活动品牌的推广。

　　上海少年儿童图书馆不仅通过全市少儿图书馆三级服务网络系统推进活动,还借助举办活动,增进各网点的服务能力,为相关馆员提供相应的培训。比如依托"上海童话节"开展图书馆员绘本讲读大赛,邀请中国福利会儿童艺术剧院二级演员姚培华老师,为各区级、街道(乡镇)图书馆馆员进行"绘本故事讲读"培训,通过实践与学习打造出一支有力量的馆员队伍,在各图书馆中更好地进行阅读推广,营造阅读氛围,为少年儿童更好地养成阅读习惯努力。

　　一年一度的"上海童话节"系列活动,使全市少儿图书馆三级网络形成了联合体,加强协作互动,发挥出联动效应,使全市少儿阅读在城乡间、区域间得到均衡发展,文化影响力和文化辐射力不断增强,让"上海童话节"这一品牌的知名度得到大幅提升。

(四)加强主流媒体宣传,开拓新媒体服务

　　在"互联网+"时代,主流媒体与新媒体各有受众、各占优势,上海少年儿童图书馆根据传统与新媒体的不同特性,积极稳妥地进行活动宣传,并开辟在线活动阵地。

　　在宣传方面,"上海童话节"活动依托主流媒体扩大品牌的影响力。如连续数年的"在阅读中播撒诚信的种子"活动——小读者无需

2014年上海童话节

借书证即可在上海少年儿童图书馆精心准备的近万册图书中借阅喜爱的图书,按期还书的小读者还可获得"诚信纪念章"。活动激发了孩子们的读书欲望,也使孩子们在增长知识的同时,体会了如何做一个守信用、讲诚信的小公民,引起上海主流媒体广泛关注,并在晚间新闻的黄金时段做了深度报道,使上海童话节得到了更多的社会关注。

在开辟网络服务阵地方面,上海童话节逐渐打磨出"在线版童话节"模式。通过官方网站少儿信息港,提供大量电子资源在线阅读,以及童话节活动信息,在线上营造活动气氛。通过微博开展《"微"童话》原创作品征集活动,通过微信公众号进行《阅读直通车》新书推荐,定期发布活动内容、信息及其宣传报道,随活动的进程即时跟进,及时推送。同时,注重实时更新、与读者互动,及时反馈,维持日常活跃度,充分运用现代信息技术手段,使线上的宣传、报名等更为快捷方便。

此外,在国内最为知名的两家网络电台"荔枝"和"喜马拉雅"开设专业频道,将"亲子朗读"活动的优秀音频制作后上传,让读者可以突破时间和地理的限制,随时、随地进行收听。未来上海少年儿童图书馆还将继续积极运用新媒体终端进行文化服务,借助社会组织实现应用程序等技术手段和终端定制、合作共建等模式,推出新媒体终端文化服务,不断提升上海少年儿童图书馆"上海童话节"这一经典品牌的影响力,从而实现公共文化数字资源的共建共享。

上海少年儿童图书馆不断探索少儿阅读推广的新办法和新模式,创新活动形式,深化活动内涵,利用新技术新媒体,努力将"上海童话节"打造成为上海少年儿童图书馆长盛不衰的经典活动品牌,让孩子们在阅读中开启美丽新世界,从而遇见更好的自己。

撰稿人	林韦弦,上海少年儿童图书馆,馆员。研究方向:儿童阅读推广。

四 | 我嘉书房 全域书香
嘉定区图书馆公共文化服务社会化创新发展路径

嘉定区在国家公共文化服务体系示范区创建工作中，不断探索公共文化服务的新模式，以"我嘉书房"为切入点，主动查找公共图书馆服务网络空白点。"我嘉书房"纳入上海市中心图书馆的"一卡通"管理系统，提供无休自助服务，探索实践了"政企合作、资源共享、文化增值、百姓受益"的全新路径，提升了市民享受舒适度、参与公共文化的满意度和获得感，让阅读在嘉定区的460平方公里土地上"触手可及"。

（一）因地制宜建设共识践行高效理念

1. 厘清建设现状，找准服务短板

在创建国家公共文化服务体系示范区工作中，嘉定区公共图书馆服务体系建设取得了长足发展。然而，经过实地走访和调研发现，一方面，服务人群的分布随着城市发展的进程发生了巨大变化，越来越多的服务人群已经搬离了以前的集中居住区域，许多新建的社区、大型居住区，尽管集聚了大量的新居民，却仍然是公共文化服务的真空地带；另一方面，公共文化资源的相对稀缺限制了新增公共文化服务设施的快速布点。"我嘉书房"建设项目，正是嘉定区吸引优质社会资源、提升公共文化服务体系品位的全新探索。

2. 强化协商机制，明确权责分工

"我嘉书房"建设项目由嘉定区委宣传部牵头，区文广局、各街道（乡镇）党委政府指导，区图书馆、各街道（乡镇）文化体育服务中心、社会第三方具体实施。以"我嘉书房（菊园·绿地天呈）"为例，嘉定区文广局、菊园新区管委会共同指导书房的公益性定位，上海绿地嘉唐置业有限公司无偿提供地理位置优越的商业用房用于建设书房空间，

营造了浓郁的社区文化氛围。区图书馆负责协调上海市中心图书馆专用网络端口，提供初建馆藏文献资源和业务培训；菊园新区文化体育服务中心负责招募和管理社会合作伙伴，组织开展志愿者管理、阅读推广活动，确保"我嘉书房"服务的常态化。

3. 注重制度先行，实施标准管理

"我嘉书房"建设的有序推进，离不开制度体系的指导和规范。《我嘉书房管理运行办法》明确项目参与成员的职能分工；建立管理运行联席会议制度，并定时向上级指导部门和社会公众公示推进情况。与此同时，将"我嘉书房"纳入图书馆总分馆标准化管理体系，在建设用房、服务能力、资源配备等方面梳理、制定建设标准，充分发挥"我嘉书房"在公共图书馆服务范畴、服务时间全覆盖上的积极推动作用。其中，着重关注"我嘉书房"在建筑面积、阅览座席、安全监控、自助服务方面的建设要求，以及洗手间、停车位等便民配套设施，确保市民共享高品质的便捷阅读服务。

（二）便捷无休社区书房营造全域文气

1. 健全服务体系，保障文化权益

面对国家实现文化全面小康的发展目标，以及上海"社会主义现代化国际文化大都市"的建设定位，嘉定区按照嘉定现代化新型城市发展路径，深化公共图书馆总分馆建设，推广"我嘉书房"延伸服务点建设，补齐全空间和全覆盖方面的服务短板。"我嘉书房"兼具灵活性与功能性，更加适应嘉定实际和市民需求，为营造氤氲全区的"文气"夯实了设施基础。2017年，新建6个"我嘉书房"；2018年，将完成30个"我嘉书房"建设工作。

2. 拓展服务内容，提升文化品位

"我嘉书房"兼具24小时自助图书室、社区文化空间、市民科创实践基地、志愿者自治基地、公益休闲区域等多元功能；纳入上海市中心图书馆的"一卡通"管理系统，与全市公共图书馆实现文献通借通还；提供自助借还图书、自助办理读者证等便捷服务。"我嘉书房（菊园·绿地天呈）"以"文化嘉定云"为平台提供场馆预订服务，读者可以结合自身实际需求申办"阅读沙龙""微型展览""新书发布会"等阅读活动。"我嘉书房(南翔·安居广场)"引进"勤诵书画学堂""艺术大课堂"等优质市级品牌项目,打造"周周有讲堂,月月有提升,季季有情怀"的阅读推广系列活动。

3. 细分服务主题,彰显文化特色

"我嘉书房"不仅是阅读空间,还是嘉定各个街道(乡镇)的文化名片,它立足街道(乡镇)实际,既有设施高端、设备精良的"高大上"的服务旗舰店,更有契合于区域实际的主题鲜明、亲民便捷的"小而精"的特色服务点。即将开馆的"我嘉书房"中,外冈镇"我嘉书房"建设在邻里中心之中,以"田园牧歌"为主题,为周围4.8万居民提供无休的阅读服务。嘉定工业区的"我嘉书房"结合当地园区建设,选址上海金融谷,以园区职工、周边居民为服务对象,融合金融元素,营造悠闲舒适的文化氛围。

(三)文化增值共建共赢提升城市品质

1. 政府+社会,双赢合作机制引入社会资源

"我嘉书房"作为全市首个以政企合作模式运营的24小时公共图书馆延伸服务点建设项目,探索了公共文化服务社会化实践路径,既有效融合政府和社会的公共文化建设资源,又实施"文化+"战略,激发社会力量参与公共文化建设的主动性和积极性。以菊园新区为例,上海绿地嘉唐置业有限公司作为运行主体之一,策划推出贯穿全年的"完全生活节"主题阅读活动,将企业文化资源融入书房阅读推广计划中,使得政企合作的形式从对阵地的支持拓展延伸至对内容资源的支持。"我嘉书房"建设获评上海市公共文化建设创新项目,并先后被《人民日报》、中央电视台等媒体专题报道。

2. 文化+社区,精细供给方式助力宜居家园

"我嘉书房"将自助服务系统引入社区,为社区居民提供自助借阅、自助办证、自助服务等无休阅读服务;开设满足家庭需求的交流品读、亲子共读、静谧自读的服务区域,为社区居民享受公共文化服务提供全新的公共阅读空间。

3. 公益+专业,创新运营模式收获发展活力

如何建立"我嘉书房"的长效服务模式?在24小时无休公共图书

馆服务以及别具特色的空间服务基础上，"我嘉书房"吸引专业化团队等优质社会资源提升公共文化服务品位。"我嘉书房（菊园·绿地天呈）"吸纳菊园新区社区志愿服务中心、菊园新区教育共建联盟等社会主体作为合作伙伴；"我嘉书房（南翔·安居广场）"引入上海东方青少年国际文化中心，探索委托专业团队运营的社会化方式。接下来，将进一步探索"公共项目+社会运作"的创新模式，探索购买专业机构管理服务，发挥其在人员管理、数字化服务、文化资源整合方面的优势，因地制宜建设服务效率及效益突出的公共文化阅读阵地。

> 嘉定区是拥有近800年历史的"人文嘉定"，也是上海科创中心重要的承载区，更是一座精美成长、宜业宜居的新城。"我嘉书房"用精准化的公共文化服务，将图书馆开到百姓家门口，为市民交流打造富有文化底蕴的城市客厅。

嘉定区"我嘉书房"将精准服务的无休阅读空间、城市文化客厅建设到市民身边的社区、商业体之中，探索实践共建共赢的公共文化服务社会化发展路径，在产城融合的宜居新城建设中，为嘉定"文化民生"注入新的活力，让市民在"全域书香城市"中，收获精而美的公共文化享受体验。

撰稿人	黄莺，上海市嘉定区图书馆副馆长，副研究馆员。主要从事公共图书馆服务与管理。先后参与嘉定区创建国家级公共文化服务体系示范区、"文化嘉定云"数字服务平台、公共图书馆"直管模式"总分馆建设等工作；参与"上海市社区图书馆2014~2020发展报告"等调研课题。

五 | 让阅读无处不在、无时不在
徐汇区图书馆"汇悦读书香联盟"体系建设

2017年3月1日起,《中华人民共和国公共文化服务保障法》正式施行,为进一步提升公共文化服务能效、增强公共文化有效供给以及公共文化资源的有效整合和统筹利用提供了法律依据。为确保市民读者享受到均等的公共文化服务,近两年上海公共图书馆界积极推进全民阅读服务体系建设,切实落实民生实事,使市民读者能够切实感受到阅读的便利。2015年12月,徐汇区图书馆通过前期调研、需求分析、技术认证,经过摸索与实践,在上海公共图书馆中首家推出"约书吧"预约借书服务,并在不断探索中谋求多元化与多样化发展,现已汇集了咖啡馆、企业、书店、社区、医院等在内的14处服务点。2017年4月,在"约书吧"服务点的基础上,徐汇区图书馆正式成立了"汇悦读书香联盟",就近就便地构建服务网络,开展区域性阅读活动联动。"约书吧"预约借书服务的推出以及"汇悦读书香联盟"体系的日益丰富,旨在通过创新公共图书馆服务理念及服务手段,重新定位公共图书馆社会文化服务角色,完善公共文化服务体系,真正为读者营造无处不在、无时不在的图书馆体验,从而推动全民阅读。

(一)多元需求推动图书馆转型升级

1. 延伸物理空间,缓解馆舍局促的矛盾

位于南丹东路80号的徐汇区图书馆于20世纪90年代落成,地处繁华的徐家汇商圈,在享受优越的地理位置的同时,也面临着因馆舍面积局促导致优质的资源无法被充分利用的难题。2015年,李克强总理在政府工作报告中首次提出"互联网+"行动计划,在此背景下,徐汇区图书馆结合"互联网+"深度融合传统行业的推进要求以及自身困

境现状，推出"约书吧"预约借书系统。读者可通过数字阅读自助机和移动终端上的"约书吧"软件，根据自身需求，完成纸质文献"检索—预约—借阅—递送"服务，实现就近就便取书还书。"约书吧"投入使用，可以实现馆藏资源的数字化，通过线上服务平台及线下"约书吧"服务点拓宽服务渠道，从而以另一种方式扩展徐汇区图书馆服务范围，切实解决公共文化服务延伸至"最后一公里"的难题。而"汇悦读书香联盟"的建立，则通过各联盟点的场地联用、活动联办，延伸了物理空间，增强了公共文化的辐射力和影响力。

2. 搭建资源平台，推动全民阅读活动

徐汇区作为首批国家级公共文化服务体系示范区，目前已初步形成区级—街道（乡镇）—居委三级公共文化服务格局，配有街道（乡镇）图书馆及居委综合文化活动室。而作为徐汇区公共文化服务体系的重要组成部分，徐汇区图书馆始终积极推进公共文化服务的不断完善。在"约书吧"的基础上，徐汇区图书馆打造"汇悦读书香联盟"体系，通过吸纳区域内的优质阅读资源加入书香联盟，对布局及功能进行合理规划及有效利用，打通徐汇阅读信息与阅读服务；既提供平台让馆外资源"走进来"，又将徐汇区图书馆文化服务辐射出去，从而形成推广全民阅读的合力，共同营造"书香徐汇"氛围，构建一幅充满活力的徐汇书香地图。

3. 激发阅读热情，提高馆藏文献利用率

近年来，随着生活节奏的加快及数字阅读的便利普及，纸质阅读受到了不少的冲击，图书馆的文献资源借阅量也因此发生了波动。面对新媒体时代，为做好图书馆基础业务工作，提高馆藏流通量，徐汇区图书馆不断探索服务方式，思考公共图书馆服务定位，保持文化服务活力。"约书吧"预约借书系统的推出，可以在一定程度上优化读者借阅体验，图书馆还可通过"约书吧"对读者的浏览、借阅行为进行相关分析，了解读者的借阅需求，并以此作为馆藏建设的依据，从而提高书籍流通率。"汇悦读书香联盟"则通过形式多样、内容多元的阅读推广活动为市民读者提供丰富专业的阅读咨询，指导读者开展阅读，激发市民读者的阅读热情。

（二）多种手段探索图书馆服务创新

市民读者在"约书吧"服务点体验"检索—预约—借阅—递送"一站式服务

1. 合理布点，各具特色，延伸服务触角

目前，徐汇区图书馆"约书吧"共设立了14个服务点。在布点的功能定位上，各服务点各具特色：与特色书籍结合——在龙美术馆"汇艺图书馆"陈列了设计、美学、摄影等畅销图书、期刊，在龙华医院特需病房配送了养生保健类读物，满足读者的个性化需求；与企业书屋有益互补——复星集团已有星隆书屋、微型图书馆，"约书吧"的出现恰巧弥补了其在数字阅读方面的空白，使员工获取信息的渠道更多元、更丰富；与社区相融合——在人流密集的基层文化活动中心推广数字自助借阅，真正做到阅读的雅俗共赏、全民参与；与实体书店合作——减少新书上架的周期，把选书权交给读者，让读者能在第一时间借到心仪的新书，切实满足他们的借阅需求；辐射商圈白领——在白领人群相对集中的衡复地区、徐家汇选取梧桐space、百脑汇上海店作为服务点，通过资源的有机整合，为白领人群提供更多的文化选择，提升文化氛围；与酒店合作——在新园华美达酒店设立投递网点，为来沪游客提供图书借阅服务。

2016年，徐汇区图书馆在"约书吧"服务点的基础上构建"汇悦读书香联盟"，吸引区域内阅读场所、阅读推广人加入，共同推广全民阅读。"汇悦读书香联盟"以徐汇区图书馆为"书香部落"，联合倡导区域内具有阅读元素的实体书店、咖啡馆、艺术空间等文化场所成为

"书香驿站",鼓励支持开展阅读推广并提供公益阅读服务的文化团体(个人)、教育和出版机构及其他社会组织等成为"书香行者",推动促进有条件进行书刊借阅和图书漂流的社区、楼宇、商圈等成为"书香坊",联盟成员实现场地联用、活动联办、平台联建、资源联动、信息联通、品牌联创,构建层次丰富、特色鲜明、多元发展的全民阅读服务体系。至2017年底,"汇悦读书香联盟"成员包括13个书香驿站、10家(位)书香行者、76个书香坊,给读者带来更多元的阅读服务。

2. 跨界创新,合作共赢,发挥资源优势

一直以来,徐汇区图书馆寻求着跨界合作的新思路,充分发挥"图书馆+"战略的优势,以"1+X"的无限可能来实现"让阅读无处不在"的愿景。最初"图书馆+互联网""图书馆+咖啡馆"的模式,2016年起,"约书吧"开始尝试"图书馆+书店"的合作,联合新华书店(港汇恒隆店)推出"新书速借,你选我购"服务。

读者可在新华书店(港汇恒隆店)挑选3本总价不超过100元的书籍,凭借身份证和上海市中心图书馆读者证,在书店内的"新书速借,你选我购"专柜办理借阅手续,免费将书借回家,待28天借阅期满读者将书归还至书店后,图书馆将买下这些书作为馆藏。把选书权交给读者,读者能够在第一时间借到心仪的新书,图书馆则实现了采购的"定制化服务"。不仅如此,活动中被借阅的书籍都会进入"约书吧"线下实体书库——书香部落,大大丰富了馆藏资源。如果读者在活动现场未能借到心仪的新书,还可通过"约书吧"预约,确保读者可借阅到当下最热门的书籍。

这一活动给读者带来多样、便捷、高效的阅读体验。"新书速借,你选我购"活动一经推出就获得不错的反响,在2017年世界读书日又增加大众书局(正大乐城店)、博库书城(宜山路店)两家书店作为"约书吧"以及"新书速借,你选我购"的服务点,探索实现公共图书馆、实体书店和读者的三方共赢的路径。

3. 区域联动,资源整合,推进全民阅读

2017年初,徐汇区图书馆在"汇悦读书香联盟"发起"悦汇100"百日阅读活动,打造为期100天的全民阅读盛宴,在线上开放征集"阅读宣言",通过徐汇区图书馆官方微信发布"百人百书"活动,百位读书

> 为持续深入推进全民阅读，徐汇区图书馆积极整合"汇悦读书香联盟"资源，以市民阅读需求为导向，发挥联盟合力，为市民读者带来更多形式多样、层次丰富的文化活动。

达人不间断地向市民推荐100本好书，在线下则由联盟内的"书香驿站"用10场各具特色的阅读活动为市民读者带来"十种书香"，通过区域联动，共同持续推广全民阅读。同时，徐汇区图书馆联合"汇悦读书香联盟"围绕世界读书日、"汇悦读"全民阅读季、上海书展、上海市民文化节，开展有影响、有成效的读书活动，发挥集成效应，构建全民阅读立体网络，引领阅读新风尚。

（三）多重力量参与提高公共文化服务成效

1. 区域内社会力量、社会资源被集聚激活

作为公共服务体系建设中的重要力量，徐汇区图书馆一直在探索如何利用自身的信息资源优势，盘活区域内的各类社会力量、社会资源，共同推动城市文化氛围的营造，而成立"汇悦读书香联盟"就是将这一想法落地，通过资源整合，搭建了一个全民阅读信息交流、资源需求对接的平台。利用这一平台，联盟内的书香驿站、书香行者、书香坊之间信息联通、资源联动，各类社会主体各自为政的局面被打破，真正做到让空间找到匹配的活动，让活动找到匹配的读者。

2017年，通过"汇悦读书香联盟"这一平台，"书香行者"自然力研究院与位于徐汇滨江的"书香驿站"龙咖啡·汇艺术图书馆开展了深入的合作，举办跨文化阅读"东西对话：文化水岸"沙龙，通过推荐国际对话人、文化热点、具体文创产品，邀请市民参与现场实验和跨文化阅读体验，逐一梳理德国、法国、印度、纽约的水岸文化和海岸文化，讨论这些国际案例经验如何在上海落地和提升，为徐汇滨江发展打开思路。

为了服务社区居民，打造书香社区，2017年，"书香行者"上海多阅公益文化发展中心走进"书香坊"开展针对社区人群的"友书共读"阅读推广活动，通过实地走访55家"书香坊"了解市民读者的文化需求，"书香行者"上海多阅公益文化发展中心结合"书香坊"的实际情

况设计活动方案,并招募高校志愿者举办阅读推广活动,共同推进社区阅读文化建设。

2017年,"汇悦读书香联盟"单位书香驿站、书香行者、书香坊共开展各类阅读活动51场,吸引1 406人次读者参与,为读者带来了更丰富、更多元、更深层次的公共文化服务。

2. 多层次"图书馆+"服务提供丰富的文化体验

"汇悦读书香联盟"成立以来,不断发挥联盟合力,多方联建,通过"图书馆+互联网""图书馆+书店""图书馆+阅读组织"等多层次、多元化的"图书馆+"服务为市民读者带来了更为丰富的文化体验。截至2017年12月,"新书速借,你选我购"已吸引6 896人次的读者借阅12 583册新书,这些书经图书馆加工后进入"约书吧"线下实体书库——书香部落实现二次传播,读者可通过"约书吧"线上预约,也可至书香部落线下自助借阅。

据统计,至2017年底共有427位读者登录使用过"约书吧"预约借书系统(指首次登录,后续再次登录不重复计算),突破了在规定时间、规定地点完成图书借阅的限制,为读者提供多样、便捷、高效的文化服务。

值得一提的是,徐汇区图书馆原展厅改建后开放的"书香部落",集"书房、客厅、工作室"为一体,动静结合,带给市民读者不一样的文化体验。作为"汇悦读书香联盟"的旗舰阵地,"书香部落"一楼为"约书吧"的线下实体书库,该图书自助外借区域可实现办证、查询、借还书等一体化服务,从早上8点到晚上10点,全年365天开放,大大延长和拓展了图书馆的服务时间和服务功能,深受青少年学生、白领读者群体的喜爱。2017年,在书香部落的拉动下,徐汇区图书馆的图书外借量显著提高,较2016年增长8.9%。

书香部落二楼的开放式阅读空间兼具品读交流、视听休闲、展览展示、数字阅读等功能,还可供想要开展阅读相关活动的单位、组织免费预约使用。在这里联盟先后主办或联合参与举办了"上图杯"2017上海阅读马拉松春季赛和秋季赛、"汇悦读·我的儿童时代"读书会、"诗歌与人生"国际诗歌节专题论坛、家庭英语阅读启蒙分享会、"大时代 小故事"写作工作坊、"声音里的世界:一模一样"儿童音

2017年7~8月 "汇悦读书香联盟"举办"诵经典·读巴金"活动

乐剧、真人图书馆以及"我们的节日"等各类特色鲜明的系列主题活动。2017年共开展活动48场，近1 500人次读者参与。

3. 无处不在、无时不在的全民阅读服务网络初步建成

在打造"汇悦读书香联盟"的过程中，徐汇区图书馆并未局限于行业的界限，而是积极拓宽合作主体，整合各类社会力量与社会资源，并通过"约书吧"预约借书服务，将图书馆公共文化资源与社会资源、互联网应用有效结合。

目前联盟的成员单位涵盖实体书店、咖啡馆、艺术空间、阅读推广文化团体（个人）、教育出版机构等各类主体。通过整合资源，多方联建，同时以读者需求为导向，就近就便地构建服务网络，开展区域性阅读活动联动，图书馆的服务不再局限于自身的建筑空间，服务触角大大延伸，形成了一个彼此支持的全民阅读服务网络。

在空间上，联盟成员单位基本覆盖了徐汇区内的各个区域；在时间上，依托互联网技术，"约书吧"预约借书服务实现了服务的全天候，无处不在、无时不在的全民阅读服务网络初步建成。

随着"约书吧"预约借书服务和"汇悦读书香联盟"的进一步推

广,一个有着徐汇人文特色,固定网点和流动服务相结合,实体与虚拟相结合,纵向到底、横向到边的全民阅读服务体系逐渐形成。徐汇区图书馆将进一步整合各类社会力量与社会资源,搭建全民阅读信息交流、资源需求对接的平台,有效发挥公共图书馆文化服务社会的功能。

撰稿人	朱晔慧,上海市徐汇区图书馆办公室主任,助理馆员。研究方向:为公共图书馆服务创新、新媒体阅读推广等。

六 | 科学化布局，特色化定位，一体化发展
浦东图书馆探索公共图书馆总分馆服务体系建设

（一）项目背景

浦东图书馆

浦东图书馆新馆自2010年投入运行服务，逐步打造出"城乡一体，互联互通，功能完备，特色突出"的总分馆服务体系。《浦东新区公共图书馆总分馆体系建设实施意见》颁布以来，浦东图书馆围绕区委、区政府中心工作和区委宣传部、市文广局的相关要求部署，以浦东新区创建国家公共文化服务体系示范区为契机，不断加大政策支持和资金投入力度，促进全区各类公共图书馆（室）设施网络完善和服务条件改善，努力构建具有浦东特色的公共图书馆总分馆服务体系。

（二）主要做法及成效

1. 科学化布局

构建"三级+多元"的布局。进一步推进总分馆服务体系建设，完善"区中心馆—街道（乡镇）、大居分馆、行业分馆—居委会图书室、农家书屋、延伸服务点"的管理架构，现已建成各类图书馆（室）1 536个，其中分馆（延伸服务点）410个，农家书屋310个，居委会图书室816个；根据服务内容差异化、出资主体多样化的实际情况，分门别类打造街道（乡镇）分馆、大居分馆、行业分馆、居民区分馆、延伸服务点等各种类型的分馆，并逐步探索资源的互联互通。

2. 特色化定位

因地制宜，服务方式多样化。根据区域功能定位，因地制宜建设陆家嘴金融城楼宇阳光阅读吧、24小时自助图书馆等；在陆家嘴金融贸易区、世博央企总部、金桥经济技术开发区、喜玛拉雅艺术中心、张江软件园开展流动服务；发挥"馆际互借平台"功能，整合临港地区三所高校近240万册的图书资源，供广大市民借阅。

品牌共育，服务资源下沉化。根据街道（乡镇）文化资源特点，合力打造"金融"（陆家嘴）、"航运"（洋泾）、"民俗"（三林）等主题图书馆。浦东文化讲坛、故事妈妈讲故事、绘本创作大赛等活动面向分馆配送，形成"一街（镇）一特色""一区域一主题"。

3. 一体化发展

坚持服务共标，队伍共建。出台统一的服务标准、评估标准及操作流程，中心馆对分馆工作人员进行业务培训和岗位技能培训，提供岗位挂职机会。完善城乡一体，均衡配置。陆家嘴街道31个居民区图书室实现了"一卡通"。在世博、迪士尼、罗山路、中国商飞等重大市政建设项目工地，36所外来务工人员子弟小学，驻区部队建立延伸服务点并配置图书音像资源，实现了各类群体的全覆盖。

（三）探索公共图书馆总分馆服务体系"浦东经验"

1. 成立行业分馆，奠定"浦东经验"的新理念

科学划分管理幅度，以职业类别为区分，成立行业分馆，统筹协调

> 浦东图书馆在建立总分馆服务体系过程中，围绕"新理念、新制度、新队伍、新功能、新技术、新产品"六大体系建设，不断探索结构和功能并重、阵地服务和活动服务并重、社会化和专业化并重、品牌化和特色化并重建设中面临重大现实性问题的解决路径，尝试建立公共图书馆总分馆服务体系的"浦东经验"。

和规范管理所在条线内各类图书馆（室）。2017年初，浦东图书馆联合浦东教育发展研究院共同成立了浦东新区教育局中小学图书馆工作委员会，将其作为浦东图书馆中小学行业分馆，牵头域内中小学图书馆管理，同时出台《关于推进浦东图书馆中小学行业分馆建设的实施意见》，作为一体化管理的基础和准则。之后陆续成立了以上海市金融工会牵头的金融分馆、浦东双拥办牵头的部队分馆、浦东卫生发展研究院牵头的卫生分馆等行业分馆。这一做法突破了"图书馆"固有的思维，切换到总分馆制服务功能的视角去统筹、去整合、去管理现有图书馆（室），共建共享，提供了总分馆服务体系建设的新理念。

2. 注重"现代治理"，开启"浦东经验"的新制度

积极推进浦东图书馆总分馆理事会建设，让他们参与图书馆总分馆建设中所涉及的重大事项的咨询、议事、监督。理事会通过议事制，及时准确了解和掌握分馆、延伸服务点需求，提高文化配送与需求对接的精准度，逐步形成了总馆主导、分馆、延伸服务点满意的供给机制。可以说，浦东图书馆总分馆理事会制度的建立实现了图书馆的多方治理，有利于提升总分馆的服务效能。

3. 发挥品牌聚合效应，构建"浦东经验"的新功能

整合总馆阅读推广资源，推动浦江学堂、少儿亲子阅读、文化讲坛、数字嘉年华、阅读推广人计划等品牌活动下沉到分馆、延伸服务点；协助街道（乡镇）分馆打造"金融"（陆家嘴）、"航运"（洋泾）、"民俗"（三林）、"傅雷文化"（周浦）等特色主题分馆。仅2017年街道（乡镇）分馆举办各类读者活动2 261场，57万人次参与；统筹所属部队、企业、银行、学校等图书馆（室），因地制宜开展具有行业自身特色的阅读推广活动；开创社会力量参与"候鸟书屋"阅读运行的新模式。

4. 实现资源供需对接，创新"浦东经验"的新服务

合理布局24小时街区自助图书馆布点，协助打造，加强"阅读体验馆""微信图书馆""数字图书馆"等数字化服务手段的应用；突破文化系统限制，整合临港地区三所高校近240万册的图书资源，发挥"馆际互借平台"功能，实现供需有效对接；建立独具特色的流动文化服务品牌，科学规范工作机制和管理模式，定时定点开展便民服务、图书漂流、读书活动、读者咨询、培训讲座等延伸服务，使流动文化服务成为总分馆服务体系建设的重要组成部分。

5. 聚焦网络化建设，构建"浦东经验"的新技术

不可否认的是，在推进总分馆服务设施网络化建设方面仍然面临一些阶段性问题。为统筹浦东总分馆体系网络化建设，促进地区基本公共文化服务标准化、均等化、便利化，浦东图书馆在浦东新区文广局的指引下，以拓展公共图书馆总分馆服务体系为基本路径，采用目前使用于部分延伸服务点的Symphony系统，通过SSL（安全套接层）-VPN（虚拟专用网络）的方式，逐步推进延伸服务点的网络化建设，最终实现延伸服务点网络全覆盖，使浦东所有延伸服务点间的资源能够互联互通、共建共享。网络建成后将有效解决总馆与延伸服务点间"主和次、点和面、条和块、远和近"四种关系，即处理好总馆主阵地与延伸服务点、单个延伸服务点与其他延伸服务点、行业系统条线与不同行政层级、现有资源统筹与总分馆体系建设的关系，逐步提高总分馆服务资源综合利用效能。

> 党的十八届三中全会对构建公共文化服务设施网络建设提出明确要求，这些顶层安排为构建公共阅读服务设施网络指明了政策导向。浦东图书馆总分馆事业发展迅速，现已建成410个延伸服务点，在服务范围上取得了长足发展。

6. 理论与实践同步建构，搭建"浦东经验"学术支撑

在浦东图书馆总分馆服务体系建设之初，就非常重视"理·实"的双向良性建构。每季度开展分馆、延伸服务点思想微沙龙；2017年3月出版了《浦东人的精神家园——浦东新区公共图书馆服务案例》一书，书中收集了浦东公共图书馆63个案例，记载了凝聚着浦东公共图书馆广大图书馆工作者智慧与心血的一件件实事、一项项可复制可推广的工作经验。

（四）结束语

我们将立足于作为中心馆的定位，持续对各级各类分馆建设给予指导、协调，提供服务支持，盘活基层各级馆、站、室资源，嫁接开发区、企事业机构专业场馆资源，实现标识的统一化、设施的标准化、资源的共享化、服务的体系化，有力贯彻落实《公共文化服务保障法》和《公共图书馆法》，有效提升"后示范区"阶段文化城乡一体化发展，继续探索和实践新形势下公共图书馆建设发展的相关课题。

撰稿人	冯娜，上海浦东图书馆分馆业务中心副主任。研究方向：公共图书馆总分馆服务体系建设。

七 | "互联网+"背景下全民阅读品牌的建设
杨浦区图书馆"阅读好声音"全城微朗读大赛

（一）孵化阅读推广新热潮

当今社会，"数字阅读"已成为"互联网+"时代的潮流与趋势。上海市杨浦区图书馆主动增强文化自觉，近年来认真致力于阅读推广领域的研究，注重思考，积极实践。2014年，建立在前期深入调研的基础上，以"有声阅读"为切入点，培育"阅读好声音"项目。2015~2017年，连续三年策划开展"阅读好声音"全城微朗读大赛，围绕社会热点和数字图书馆的发展趋势，引导市民充分利用智能终端开展"微朗读"，将基于新媒体的公共文化服务方式普及到更广泛和更深入的范围，积极推动书香城市建设。

"阅读好声音"全城微朗读大赛引导市民充分利用"碎片化"时间，朗读自己喜爱的好书片段，并分享阅读感受和推荐理由，形成4分钟以内的微朗读音频，通过移动终端录制后，随时随地将自己的"阅读好声音"上传至网络电台，市民读者即可通过智能手机、平板电脑、可穿戴设备、汽车等进行聆听、分享和传播。"阅读好声音"项目与朗诵大赛最大的不同在于，所有参赛选手都要推荐一本好书、分享阅读感悟，以此吸引市民关注好书、关注阅读。有声荐书解放了人们的双手和双眼，用耳朵享受声音的同时，更轻松地收获了文字所传递的知识和信息，成为传统阅读的有益补充，在申城掀起了全民阅读的新热潮。

（二）引入社会资源新能量

目前，全国音频市场用户已经过亿。上海互联网音频产业的发展一直走在全国前列,有声阅读领域产生了如"喜马拉雅"等全国领先的骨干企业。杨浦区图书馆在项目实施过程中,充分与这些优秀互联网企业合作,打造了"阅读好声音"项目专属的网络电台,把优秀音频资源引入公共文化服务平台,通过公共图书馆数字资源吸引更多公众的同时,还能以音频资源为视障读者、学龄前儿童等特殊群体提供导读服务。

2016最美"阅读好声音"家庭获得者与市民分享好书

"阅读好声音"项目的主要实施者除馆员以外,还聘请多位世纪出版集团和上海市朗诵协会的骨干作为专家团和评审团,从而保证项目具有较强的专业性。特邀世纪出版集团编辑团队为大赛推荐好书、编写推荐书目,从而凸显"阅读好声音"项目阅读推广的本质和内涵。同时,邀请世纪出版集团和上海市朗诵协会专家,以线下授课和线上直播两种途径开展大赛各阶段的培训,为参赛市民普及荐书方式,讲述朗诵和朗读的区别、朗读的当下意义和人文价值、朗读和阅读的关系等知识。每届大赛经过专业评审后,均产生百位市民"阅读好声音"和百本市民喜爱的好书。

大赛联动上海市16个区级公共图书馆、上海市优秀阅读推广组织以及区域内多家高校图书馆作为区通道,"喜马拉雅"网络电台作为社会通道,共同发动全民阅读能量引擎。大赛设立家庭组、少儿组、成人组、团队组等多个组别,鼓励多样化的读者群参赛。大赛的参与对象覆盖了全市各行各业、各个年龄层,参赛的选手从5岁的孩童到白发苍苍的老人,更吸引了大批亲子家庭和读书组织慕名而来。累计参赛音频超过4 000部,参赛人次逾万人,网络电台收听量近5万人次。推荐的书目包含经典诗词、散文随笔、童话故事等各种体裁。无论是参与的对象还是活动的内容,都充分展现了全民阅读的活力。

(三)打造行业品牌新高度

"阅读好声音"项目获得了社会各界对"微朗读"的关注度和参与度。《中国文化报》、上视新闻频道、上海观察等20余家主流媒体对大赛进行了专题报道,并通过腾讯文化、东方网等平台的网络直播确保了公众知晓度。在上海图书馆主办的第三届图书馆微服务经验交流会上,该项目作为唯一的区级公共图书馆案例进行了展示分享;成为2015年上海市公共文化建设创新项目之一和2016上海市民文化节优秀项目之一。项目策划人荣获"2016上海市民文化节优秀阅读指导员"称号。

"阅读好声音"项目扩大了数字图书馆工程在社会的影响力。通过对丰富的音频资源进行整合梳理,成功申报2015年度全国文化信息资源共享工程地方资源建设项目《"上海音色"系列音频资源库》,力争建成国内有影响的、广受群众欢迎的音频多媒体资源库。同时,凸显上海在新媒体传播领域的特色,丰富数字图书馆工程的音频资源,探索数字图书馆工程在移动服务、新媒体服务方面的创新点,对专业研究、市民大众都有良好的社会效益。

"阅读好声音"项目激发了广大市民的阅读热情,得到了各级政府的重视与支持。2017年,"阅读好声音"项目升级为上海市民文化节五大市级赛事之一,围绕"家文化"主题开展。百本好书传播优秀文化、弘扬社会主义核心价值观,既有"家规、家训、家教、家风"等传统文化篇目,也有"家庭、家乡、家园、家国"等文化传承篇目。百个"阅读好声音"涌现典型案例。成人组选手马争是一位准妈妈,她希望即将出生的孩子也能和自己一样热爱阅读、热爱生活。少儿组选手岳思含是岳飞第35代传人,她朗读的《岳传》体现了家风、家训的传承。荣获"全国书香之家"的王丽娜家庭祖孙三代齐参赛,朗读书目《唐诗三百首》是全家人的精神纽带和文化沿袭。团队组选手"音之魅"沙龙是一群用声音帮助视障人士"阅读"的志愿者,希望通过朗读传播书中的真、善、美。

> 2017年,"阅读好声音"品牌成为国家商标局认证商标。项目还成为中国图书馆学会2016年"全民阅读"活动"阅读推广优秀项目"之一、2017年全民阅读优秀案例、上海市2017年终身学习品牌项目。

项目通过运用新媒体技术获得了"互联网+"背景下全民阅读品牌建设的阶段性成效,在读者中形成了良好的口碑,在行业内取得了一定的品牌影响力,在推动全民阅读、建设书香城市中起到了积极作用。

(四)探索跨界合作新模式

"阅读好声音"项目将在成功举办全城微朗读大赛的基础上,进一步丰富项目的内涵,开展多方位的跨界合作。

与网络电台合作:在充分研究有声图书馆方案的基础上,建立包含官方电台、同步平台、音频数据库、录制系统、活动系统在内的多位一体的有声图书馆。将大赛优秀"阅读好声音"签约成为网络电台主播,打造一支稳定发展、不断壮大的"阅读好声音"有声图书馆微电台主播队伍,定期录制网络电台节目,为线上读者朗读好书、推荐新书。

与广播电台合作:大赛举办期间,通过固定广播栏目对赛事进程开展宣传推广,定期将"阅读好声音"优秀作品推送给栏目组,在节目中进行播出。尝试引入可视广播模式,邀请朗诵艺术家、知名作家、资深编辑和"阅读好声音"共同参与节目录制,让更多的线上听众参与实时互动,进一步扩大项目在广大市民中的影响力。

与出版行业合作:开展"阅读好声音"佳作推荐会,邀请出版社签约作家、编辑团队为市民读者推荐适合朗读的新书、好书,"阅读好声音"朗读推荐书目,市民读者参与阅读感悟的分享,体现项目的阅读推广本质。加强与世纪出版集团等各大出版单位在著作权授权方面的合作,取得旗下作者对其作品制作成有声读物的授权,录制较长篇章甚至完整作品,形成有自主版权的有声数据库。为"阅读好声音"制作的有声读物提供网络出版的渠道,与图书馆共同搭建有声作品线上发布平台,让更多读者能够便捷地获取有声书资源。

与专业机构合作:依托专业院校优秀师资开展"阅读好声音"互动体验课,从为普通的市民读者提供学习朗读的基础课程,到为"阅读好声音"提供进一步提升专业水平的指导,培育一支"阅读好声音"朗读团。由专家定期指导朗读团排演优秀文学作品,联合策划"阅读好声音"巡演,将优秀文学作品通过"阅读好声音"的朗读推荐给广大市民读者。与朗诵协会联合打造有影响力的学术研讨会,广泛邀请图书馆行业、朗诵艺术领域的专家、学者、从业人员参加研讨,进一步提升项目的专业性。

上海市杨浦区图书馆将通过持续开展跨界合作,把更多的市民读者培育成"阅读好声音"项目的参与者和受益人,以内容丰富、形式新颖的阅读推广活动,助推新时代全民阅读工作更加快速、更加深入、更加全面、更加科学发展。

撰稿人	汤莹,上海市杨浦区图书馆,助理馆员。研究方向:阅读推广。

八 | 笔尖上的童心
宝山区图书馆陈伯吹儿童文学创作讲习堂

陈伯吹先生是我国著名的儿童文学作家、翻译家、出版家、教育家，是中国儿童文学的领军人物、一代宗师。迁址于宝山区图书馆的陈伯吹纪念馆于2013年11月11日正式对外开放，为更好地树立陈伯吹儿童文学的品牌，弘扬陈伯吹先生的精神，推动儿童文学持续发展，宝山区图书馆在陈伯吹家人和上级部门的支持下，依托陈伯吹儿童文学基金会，2015年11月创立"陈伯吹儿童文学创作讲习堂"。

近年来，宝山区图书馆围绕"陈伯吹儿童文学"，借助于"陈伯吹国际儿童文学奖"这一重要平台，探索"陈伯吹儿童文学"创作精神内涵，积极倡导"全民阅读"的理念，通过开展各类主题活动，共同关心和营造儿童美好的精神家园和成长乐园。"陈伯吹儿童文学创作讲习堂"是宝山区图书馆服务品牌项目打造的创新服务，也是宝山区图书馆在实践社会教育职能、开展公共文化活动课程化方面实施的新探索。

（一）专业合作下的培训体系建设

1. 多方合作、公开招募

由陈伯吹儿童文学基金专业委员会、上海市作家协会儿童文学委员会、少年儿童出版社、宝山区文广局、宝山区教育局共同合作，成立"陈伯吹儿童文学创作讲习堂"工作指导委员会，负责策划组织实施开展"讲习堂"的各项工作。通过各类媒体宣传，向全市公开招募儿童文学创作爱好者，接受为期一年的系统化、专业化、多元化的儿童文学创作培训。

2. 三维一体、全面培训

"讲习堂"主要采用"知识—能力—应用"三维一体化的教学模式,通过"案例学习—阅读鉴赏—作品创作"三段式学习,使讲习堂学员在掌握儿童文学基本原理、了解中外儿童文学发展概况基础上,全面掌握儿童文学各主要体裁的文体特点,深切领会儿童文学创作的一般规律及常见文体的创作要求,由此逐渐养成鉴赏、创作、评论儿童文学的能力。

课程内容主要包括两个板块:第一板块是关于儿童文学基本文体知识和基础理论的学习。每月定期邀请儿童文学教授及著名作家为学员进行常规培训,如:浙江师范大学儿童文化研究院教授方卫平,中国作家协会会员、文学博士李学斌,儿童文学作家梅子涵、秦文君等。第二板块是指导学员进行各类儿童文学作品的阅读、分析和写作。由在儿童文学领域拥有多年出版及编辑经验的指导老师进行一对多的带教指导,点对点、面对面对学员进行儿童文学的创作指导。

3. 专家评选、结集成册

为吸引和鼓励更多的儿童文学爱好者,"陈伯吹儿童文学创作讲习堂"工作指导委员会特制订奖励机制,每期评选优秀学员进行表彰,同时,将学员创作的优秀作品结集成册,并推荐至本市儿童文学核心刊物上发表。

(二)观念创新下的服务功能拓展

1. 平台营造,繁荣儿童文学创作

讲习堂为学员搭建起一个学习专业儿童文学理论的教育平台,走近儿童文学作家和知名儿童文学阅读推广人的交流平台,推荐至优秀少儿杂志及公众号发表并结集出版的创作平台。

讲习堂学制为一年,主要培训模式包括每月常规培训、暑期封闭式短训班、季度作业点评、交流研讨及成果展示等。至今,学员在日常培训活动外已参与了"纪念陈伯吹先生诞辰110周年"主题论坛活动、"青年儿童文学作家训练营沙龙""亲子阅读魔法大师班"等多项活动,并积极参与"笔尖上的童心"陈伯吹儿童文学创作大赛、"周庄杯"全国儿童文学短篇小说大赛等各类赛事。

在"陈伯吹国际儿童文学奖"所带来的文化辐射效应下,讲习堂整合各方资源,营造集挖掘、培训与展示于一体的全方位儿童文学平台,让更多儿童文学爱好者有机会投身于专业儿童文学创作领域,为繁荣儿童文学创作贡献力量。

2. 文教融合,推动品牌服务创新

宝山区图书馆通过文教融合的形式,吸纳社会机构合作,搭建整合社会资源开放平台,形成"图书馆+X"的社会服务模式,使得图书馆服务品牌更具特色,以形成无可替代的软实力。

首期讲习堂招募之初,宝山区图书馆积极联合区教育局,在教育系统中宣传推广,招募了首批讲习堂学员,为之后的生源奠定了一定基础。学习儿童文学理论知识对于来自教育工作第一线的学员亦是一次教育理念上提升的绝佳机会,在今后教学过程中可以学以致用,把儿童文学阅读推广带入课堂。

在与教育系统深入合作的基础上,为进一步促进陈伯吹儿童文学的品牌发展,在陈伯吹儿童文学基金专业委员会的支持下,2017年3月1日,宝山区图书馆与少年儿童出版社共同签订战略合作协议书,由少年儿童出版社为"陈伯吹儿童文学创作讲习堂"量身定制课程安排及师资资源等,探索跨行业间协同发展的新型合作模式,实现儿童文学发展的"双赢"。

2017年讲习堂在听取了学员建议后,首次携手《少年文艺》编辑部在暑假期间开展了封闭式短训班,作为对日常培训的一种补充和强化。学员在为期一周的短训班中可以近距离接触儿童文学名家,并与儿童文学编辑深入交流,有效提升学员赏析及创作儿童文学作品的能力。

3. 转型培育,拓展图书馆新功能

公共图书馆作为全民阅读的重要场所,在进行社会教育(即公众进行继续教育和终身教育的地方)和开发智力资源(即公众使用图书馆各类资源开发智力、培养兴趣)方面起着重要作用,同时也担当着全民阅读推广的主导责任。

建立"陈伯吹儿童文学讲习堂"是宝山区图书馆在公共图书馆转型中的一次重要创新与尝试,从长远来看,建立讲习堂是在传统阅读推广领域外独辟蹊径,由图书馆主动承担起培养创作人才的责任,进而更好履行图书馆的教育职能。

而对于图书馆服务品牌的承担者和创建者来说,经过运营"讲习堂"工作,既有利于进行综合能力的培养、锻炼和塑造以及加强理论知识和学术方面的研修,又能培养并形成服务品牌管理梯队,通过对学员需求进行分析和了解,更快培育新成果、开发成功案例。

(三)转型发展中的实践与探索

"讲习堂"的实践表明,由少年儿童出版社及宝山区图书馆提供经费保障、课程的实施组织,儿童文学名家和资深儿童文学编辑提供智力支持,学员们群策群力、共同参与课程设计与交流学习,从而培养儿童文学创作爱好者及阅读推广者,号召更多的人共同关注儿童文学事业的发展,充分体现了"图书馆+"的社会服务效能,符合现代公共图书馆"倡导终身学习,促进知识代谢,激发想象力和创造力"的服务理念与愿景。

经过两年时间,宝山区图书馆通过积极探索课程化设计,见证了讲习堂学员的成长和进步,取得了初步成效。诸多名师和儿童文学专家关于儿童文学创作针对性的讲习,让学员们从理论学习到实践创作,受益匪浅。

学员们在过程中尝试了儿童文学创作道路上的初探之笔,积极踊跃投稿:先后有6位学员作品获得"笔尖上的童心——陈伯吹儿童文学创作大赛"等第奖,有4篇作品已于《少年文艺》杂志发表,有2篇作品获得"周庄杯"全国儿童文学短篇小说大赛优秀奖……与此同时,学员也以阅读推广志愿者的身份投身于各类阅读推广活动,其中有4位从事运营关于儿童文学的微信公众号,并发表了若干相关课程的推文。

目前,讲习堂所有讲课资料均以速记稿及视频资料的形式留

"陈伯吹儿童文学创作讲习堂"在2016年8月获得了由上海市文化广播影视管理局审核评定的"上海市群众文化项目资助专项资金"扶持,确保了讲习堂的资金保障,也使各项工作得以更加规范和得到更好发展。

宝山区图书馆

存,今后将在此基础上进一步开发儿童文学创作教材,同时将线下培训逐步拓展至线上,使学员不再囿于地理远近,将优质资源共享给更多的儿童文学爱好者。

撰稿人	江晔,上海市宝山区图书馆馆长,副研究馆员。研究方向:图书资料。

九 | 书香漫漫，浸润社区
黄浦区五里桥街道图书馆"移动书格"

在五里桥街道党工委、办事处的领导下，五里桥街道图书馆新馆于2015年9月落成，位于龙华东路600号五里桥社区文化活动中心内，设有阅览区、少儿图书馆、书吧、幼儿绘本馆、展厅、展廊、电子阅览室等。图书馆以人为本的设计理念，让读者们享受到阅读的宁静和乐趣。借阅空间整洁宽敞明亮；少儿图书馆里充满童趣的装饰和摆设，能培养孩子们的阅读兴趣；书吧设计令人仿佛置身于书的海洋，轻松、惬意，是沙龙互动的理想场所，也是"移动书格"项目所在地。

五里桥街道图书馆实行社会化、专业化管理，上海左邻右舍文化艺术传播有限公司受五里桥街道党工委办事处委托进行运营管理。"移动书格"是五里桥街道图书馆探索新形势下社区图书馆发展之路所创建的项目，并成功获评2016年度上海市公共文化创新项目、2017年黄浦区委宣传部"逐梦新时代 黄浦在行动"主题活动项目。

当下全国各地都出现了阅读的良好氛围，市民们不仅渴望读好书，对新书、热书以及各类阅读延伸活动的需求也在不断增大。五里桥街道"和美五里"建设也在社区营造了美好氛围，"移动书格"就是在这个氛围下应运而生的，旨在推进阅读、传递文化和艺术。

（一）自治参与，激发活力

五里桥街道读者议事会和读书会由街道图书馆指导，是居民自治管理组织。议事会和读书会连续数年自治管理《五里桥社区报》中的《五里雅韵》板块；在板块管理的过程中，发现如果能共享更多的文化资源，板块的内容会更丰富、充实，而图书馆书吧的书格可以成为文化资源展示的平台。"移动书格"就是图书馆里一格一格的书架，通过各类文化资源对书格的认领，采用多种形式向社区居民推荐好书，传播正确的价值观和深邃的审美启迪，现已有近20家社会团体和个人领取了书格。

"移动书格"也培育了"阅读推广志愿者"。五里桥街道居民康健是高级知识分子，退休前从事金融和翻译工作。他热爱社区，希望用自己的所学所能为社区服务。他通过领取书格，把自己从事翻译工作时期的工具书等捐给社区。同时，他也是一位热爱传统文化，对传统典故有深入研究的上海"老克勒"，在街道图书馆的带动和引导下，共同创设了"沪语春秋"故事沙龙品牌，用上海话讲传统故事，并在传统故事中提炼精髓、进行美德教育。活动分时段在小朋友和老朋友中开展，深受喜爱。

此外，"移动书格"为志愿者架起互动桥梁，由原居住在五里桥（现旅居美国）的居民创作的童话故事，经由图书馆"音之魅"朗诵沙龙的志愿者们配乐、朗读，配以传统神话故事后录制光盘《WULI海派童话王国》，送给辖区的孩子和美国的华裔孩子们，组织孩子们"听故事画故事"。此外，和志愿者联合开发的"沪语春秋"项目也深受社区居民喜爱。

（二）盘活资源，共建共享

"移动书格"搭建了一个让书香飘散的平台。一般出版社认领书格之后，会将其出版的新书放在书格中让读者第一时间阅读，举办新书发布会，也为新书做了有效的宣传；社会团体认领书格后，通过摆放书籍和组织推荐作品，达到培养居民阅读习惯的目的。如陈云纪念馆在领取书格后，举行连环画《难忘的岁月》社区发布会，将红色革命文化传承送到百姓身边。

多种社会团体借助"移动书格"也实现了资源整合。上海海派连环画中心已通过"移动书格"在五里桥设立了"上海非遗海派连环画社区传承点"，让非遗项目在百姓家门口获得有效的传播与传承。上海当代艺术馆通过"移动书格"在周五的15:30，与图书馆合作推出

"当代山水"系列讲堂,有效落地推广当代艺术。此外,五里桥街道图书馆(社区文化活动中心)与出版机构深入合作,将中心打造为优秀主旋律作品的社区信息发布地。

五里桥街道图书馆"移动书格"

(三)多方联动,辐射社区

"移动书格"项目积极推进"书香五里"建设,有效联动五里桥街道图书馆、居民区、辖区单位等。在居委会活动室、辖区共建单位设立阅读点,将实体书阅读带到离居民最近的居民区、辖区单位活动室等,并定期更换,由志愿者维护各个阅读点书屋的推广联络借阅等相关事宜,有效打通"最后一公里"。

2017年,"移动书格"创新建设,与出版社、社会组织等合作,成立了"联合移动书格",将书格移动到了更多地方,把阅读通过各种活动带到更多人的身边。2017年5月24日,"移动书格"携手上海辞书出版社一起走出上海,以"联合移动书格"为名,将300余册书籍带到300公里外的"诗仙"李白终老地——安徽省马鞍山市,并与马鞍山市湖东路第二小学设立联合"移动书格",以此鼓励学生爱读书、读好书,让好书陪伴孩子们的童年。上海辞书出版社哲社室副主任刘寅春为学生们讲解"我们怎样读唐诗",一首首李白诗词的解读、一个个李白生平故事的讲述,让在场的学生与家长听得津津有味。《中国文化报》曾以《"移动书格"盘活多种资源》为题进行报道。

2018年,"移动书格"将借助微信公众号中"指尖阅读"板块,以科普健康、亲子阅读、国学、摄影收藏等四个主题板块开展阅读推广活动,将书香传递至四级居民区和辖区单位。

（四）需求导向,创新品牌

"移动书格"以需求为导向,盘活资源,与资源有效对接,创新延伸品牌建设。如,与上海博物馆合作的"博物 上海"品牌,至今已开展近10场高质量讲座。

"移动书格"积极与出版社共建品牌,与上海古籍出版社合作的《和你一起品经典》导赏沙龙至今已开设二十余期,由专业领域专业导师主讲,荟萃艺术领域各门类,以讲、演、画、唱交互式体验结合的方式,向社区居民传播经典艺术的魅力,重温名家名派、大师系列的经典曲目、剧目、画作、文学作品等,提升文化艺术的普及和认同。同时活动与辖区内学校联合,成为学生第二课堂教育的资源平台,如"穿越中西方美术史""《安妮日记》的故事"等。

同时,"移动书格"与文化中心自有品牌"虹舞台"充分融合,齐力推进阅读,创新"倾听文学"系列活动,以专业艺术带动群众文艺,以有声传播文字。

"移动书格"以"新时代 新作为"为使命,继续做深做实,为世博滨江地区文博区的公共文化建设添上一道风景,使社区居民的精神文化生活迈上新台阶。

撰稿人　张炜玮,五里桥社区文化活动中心主任,中级经济师。研究方向:社区公共文化服务。

附录

《2017上海市公共图书馆行业发展报告》统计指标说明

《2017上海市公共图书馆行业发展报告》(以下简称《行业发展报告》)中的统计数据主要来源于上海市图书馆行业协会年报和第六次全国县级以上公共图书馆评估定级。其中"一卡通"数据来源于上海市中心图书馆知识管理与服务系统,"常住人口"数据来源于上海市统计局《2017上海统计年鉴》。由于数据来源多途径、统计样本和口径的多样化,导致在不同角度反映某一特定情况的数据呈现不一致,从而容易使读者产生误解,对此我们在《附录》中就《行业发展报告》中相关统计指标作进一步说明和解释。

1. 上海市、区、街道(乡镇)公共图书馆总数

《行业发展报告》中关于上海市、区、街道(乡镇)公共图书馆总数的统计数据分别来源于上海市图书馆行业协会年报和上海市中心图书馆知识管理与服务系统。上海市中心图书馆知识管理与服务系统提供的是本市各级公共图书馆实际参与"一卡通"服务体系的总个数。而上海市图书馆行业协会年报涵盖了本市各级公共图书馆总数。由于统计口径、统计样本以及对于一些街道(乡镇)图书馆行政区划划定上的差异导致两种途径提供的数据略有差异。为了从各个角度更真实地反映本市公共图书馆的发展现状,本《行业发展报告》在揭示上海市各级公共图书馆总体发展状况时引用上海市图书馆行业协会年报的数据,即截至2017年底,本市市、区、街道(乡镇)共有239家图书馆;在体现公共图书馆服务体系建设、上海市中心图书馆"一卡通"体系发展中,我们采用上海市中心图书馆知识管理与服务系统提供的全市238家公共图书馆的数据。

2. 读者持证数

《行业发展报告》中"读者持证数"数据分别来源于上海市图书馆行业协会年报和上海市中心图书馆知识管理与服务系统。上海市图书馆行业协会年报中的读者持证数为474万张,不仅涵盖了具有全市通借通还功能的"一卡通"读者证363.2万张,还有一部分上海图书馆办理的参考外借证、阅览证(不具备外借功能)和各区、街道(乡镇)图书馆保留的未加入中心图书馆的读者证。

在全面反映全市读者的持证情况时,我们认为上海市图书馆行业协会的数据更能贴近实际情况;而在体现"一卡通"的通借通还功能时,我们则引用上海市中心图书馆知识管理与服务系统所提供的363.2万张读者证的数据。

3. 馆舍面积

此数据指标来源于上海市图书馆行业协会年报,参照《第六次全国县级以上公共图书馆评估标准》,以产权证明或地方政府文件证明的馆舍建筑总面积,不含职工宿舍及临时建筑、不含流动服务点馆舍建筑面积,含馆外储存书库或储存图书馆面积。

4. 年流通量

《行业发展报告》中年流通量为文献外借量和文献归还量之和。上海市于2000年开始着手建设联盟式的跨市、区、街道(乡镇)三级政府、财政预算的图书馆总分馆体系,每个馆都有相对独立的政府主管部门和财政预算来源。市、区两级大中型图书馆由于馆藏丰富、馆舍面积大,是图书外借数据的主力担当;街道(乡镇)级图书馆,更类似于国外的社区图书馆,承担着就近为社区居民提供借阅服务的职能,并在一定程度上成为图书就近归还地。为了鼓励各级图书馆都能积极开展服务,特别是街道（乡镇）馆能够积极参与图书归还业务，长期以来上海市公共图书馆体系用文献外借量和文献归还量之和作为流通量评估指标。数字资源的使用统计存在一定复杂性，各级图书馆的统计标准尚未统一，本《行业发展报告》中以电子图书借阅量、电子报刊借阅量指标进行揭示。

5. 上海市区、近郊和远郊区域区级图书馆的界定

《行业发展报告》在市区、近郊和远郊区域界定时，结合行政区划分的同时兼顾中环和外环两条高架线对上海城区的划分。

外环高架线以外的区域定义为远郊，崇明区、奉贤区、金山区、松江区和青浦区内的公共图书馆在报告中都称为"远郊图书馆"。

中环和外环线之间的区域定义为近郊，浦东新区、宝山区、嘉定区和闵行区内的公共图书馆归入近郊图书馆范畴。

除却上述近、远郊区域，其他区定义为市区，这些区域内公共图书馆称为"市区图书馆"。

6. 文献馆藏

上海市各级公共图书馆文献馆藏统计数据来源于上海市图书馆行业协会年报，参照《第六次全国县级以上公共图书馆评估标准》，是指图书、期刊、报纸、缩微制品、录像录音光盘等视听资料、手稿等载体形式的文献，但不含电子文献。

"一卡通"体系内文献馆藏量来源于上海市中心图书馆知识管理与服务系统，是指进入"一卡通"通借通还服务系统，中外文图书、期刊、电子阅读器及音像制品等一般以条码数量进行馆藏统计。

图书在版编目（CIP）数据

上海市公共图书馆行业发展报告.2017/上海图书馆编.
—上海：上海科学技术文献出版社，2018
ISBN 978-7-5439-7612-2

Ⅰ.①上… Ⅱ.①上… Ⅲ.①公共图书馆—图书馆事业—研究报告—上海—2017 Ⅳ.① G259.275.1

中国版本图书馆 CIP 数据核字（2018）第 096012 号

责任编辑：李　莺
封面设计：周　婧

上海市公共图书馆行业发展报告（2017）
SHANGHAISHI GONGGONG TUSHUGUAN HANGYE FAZHAN BAOGAO（2017）
上海图书馆　编
出版发行：上海科学技术文献出版社
地　　址：上海市长乐路746号
邮政编码：200040
经　　销：全国新华书店
印　　刷：上海中华商务联合印刷有限公司
开　　本：787×1092　1/16
印　　张：10.25
字　　数：147 000
版　　次：2018年6月第1版　2018年6月第1次印刷
书　　号：ISBN 978-7-5439-7612-2
定　　价：98.00元
http://www.sstlp.com